Sebastian Burg

Effiziente Pixel-Kompression zur Optimierung der End-to-Display-Verschlüsselung

EBERHARD KARLS
UNIVERSITÄT
TÜBINGEN

TÜBINGEN
LIBRARY PUBLISHING

Bibliografische Information der Deutschen Nationalbibliothek
Die Deutsche Nationalbibliothek verzeichnet diese Publikation in der Deutschen Nationalbibliografie, detaillierte bibliografische Daten sind im Internet über http://dnb.d-nb.de abrufbar.

Die Online-Version dieser Publikation ist auf dem Repositorium der Universität Tübingen frei verfügbar (Open Access).
http://hdl.handle.net/10900/112880
http://nbn-resolving.de/urn:nbn:de:bsz:21-dspace-1128803
http://dx.doi.org/10.15496/publikation-54256

Tübingen Library Publishing 2021
Universitätsbibliothek Tübingen
Wilhelmstraße 32
72074 Tübingen
druckdienste@ub.uni-tuebingen.de
https://tlp.uni-tuebingen.de

ISBN (Paperback): 978-3-946552-43-7
ISBN (PDF): 978-3-946552-44-4

Umschlaggestaltung: Susanne Schmid, Universität Tübingen
Satz: Sebastian Burg
Druck und Bindung: readbox unipress in der readbox publishing GmbH
Printed in Germany

Für Laura,
Henry und Lilly

Danksagung

Diese Dissertation ist das Ergebnis meiner Tätigkeit als Mitarbeiter am Lehrstuhl für Eingebettete Systeme der Eberhard Karls Universität Tübingen. Diese Tätigkeit hat mir stets Freude bereitet. Ich konnte über unterschiedlichste Themen und Anwendungen hinweg viel Neues lernen von Multimedia Technik über Kryptographie und Security bis hin zum Entwurf von eingebetteten Systemen und Chipentwicklung.
Mein besonderer Dank gebührt daher Prof. Dr. Oliver Bringmann. Er hat mich in dieser Zeit nicht nur in wissenschaftlichen Fragen, sondern auch beim Versuch der Ausgründung und Industrialisierung der E2DE-Technologie immer unterstützt.
Auch bei Prof. Dr. Wolfgang Rosenstiel und Prof. Dr. Thomas Kropf möchte ich mich bedanken. Durch sie wurde meine Tätigkeit bei Prof. Dr. Bringmann erst möglich und auch während meiner Dissertation waren sie eine große Unterstützung. Darüber hinaus möchte ich mich bei Prof. Dr. Tim Güneysu bedanken, dass er sich die Zeit genommen hat, diese Arbeit zu begutachten.
Viel Unterstützung habe ich auch von meinen Kollegen am Lehrstuhl für Eingebettete Systeme und in der Arbeitsgruppe SCCS erhalten. Insbesondere bei Stefan Müller und Dustin Peterson möchte ich mich bedanken. Natürlich möchte ich mich auch bei den zahlreichen Studenten bedanken, die mich im Rahmen von Praktika und Abschlussarbeiten unterstützt haben.
Zu guter Letzt möchte ich mich bei allen bedanken, die mich außerhalb der Universität unterstützt haben. Besonderer Dank gilt meiner Mutter. Auch bei meinem Vater, meiner Familie, Freunden und Kollegen möchte ich mich bedanken. Ganz besonders möchte ich mich bei meiner besseren Hälfte Dr. Laura Bräuninger bedanken. Nicht nur hat sie mich überhaupt erst zum Studium bewegt, sondern auch immer auf vielfältigste Art unterstützt. Ihr und unseren beiden Kindern, Henry und Lilly, ist diese Arbeit gewidmet.

Sebastian Burg
Oktober 2020

Kurzfassung

In dieser Arbeit wird die End-to-Display-Verschlüsselung (engl: End-to-Display Encryption, kurz: E2DE), sowie deren Erweiterungen vorgestellt, die es ermöglichen Inhalte vor Diebstahl zu schützen. Bei der End-to-Display-Verschlüsselung werden die Daten als Bildinhalte auf dem Server verschlüsselt und zum Benutzer übertragen und erst durch eine Hardwareschaltung zwischen dem Computer und dem Monitor entschlüsselt. Um dies benutzerfreundlich umsetzen zu können wurden Optimierungen wie die linienbasierte Verschlüsselung und die effiziente Pixel-Kompression (kurz: EPiK) entwickelt. Um auch einen sicheren, nicht abhörbaren, Rückkanal zu ermöglichen, wird das E2DE-System durch die Tastaturverschlüsselung KeySAR erweitert.

Abkürzungsliste

AES .... Advanced Encryption Standard
APDU .... Application Protocol Data Units
APT .... Advanced Persistent Threat
ASCII .... American Standard Code for Information Interchange
ASIC .... Application-specific integrated circuit
BaFin .... Bundesanstalt für Finanzdienstleistungsaufsicht
BLINK ...... Brief-Lifetime-Ink
BMP .... Windows Bitmap
BSI .... Bundesamt für Sicherheit in der Informationstechnik
CAM .... Conditional Access Mechanism
CSA .... Common-Scrambling-Algorithmus
DCT .... Diskrete Kosinustransformation
DDC .... Display Data Channel
DES .... Data Encryption Standard
DIB .... Device Independent Bitmap
DRM .... Digitial Rights Management
DST .... Department of Defence – Science and Technology
DVB .... Digital Video Broadcasting
DVG .... Digital Video Guard
E2DE .... End-to-Display Encryption
E2DEVC .... E2DE mit Video-Codecs
E2EE .... Ende-zu-Ende Verschlüsselung
EPiK .... Effiziente Pixel-Kompression
ETSI .... European Telecommunications Standards Institute
Exif .... Exchangeable Image File Format
EZB .... Europäische Zentralbank
FPGA .... Field Programmable Gate Arrays
fps .... frames per second, deutsch: Bilder pro Sekunde
fps .... frames per second, deutsch: Bilder pro Sekunde
GOP .... Group Of Pictures
HDCP .... High-Definition-Copyright Protection

HDMI .... High Definition Multimedia Interface
HID .... Human Interface Devices
HTML .... Hyptertext Markup Language
ICC .... Integrated Circuit Card
IDS .... Intrusion Detection System
IIC .... Inter-Integrated Circuit
JPEG .... Joint Photographic Experts Group
JVM .... Java Virtual Machine
LSB .... Least-Significant Bits
LUT .... Lookup-Table
LZSS .... Lempel-Ziv-Storer-Szymanski-Algorithmus
MCU .... Micro-Controller Unit
MJPEG ...... Motion JPEG
MPEG .... Moving Picture Experts Group
MPEG-CENC MPEG-Common Encryption
mTAN .... Mobile Transaktionsnummer
PIN .... Persönliche Identifikationsnummer
PNG .... Portable Network Graphic
RDP .... Remote-Desktop Protokoll
RGB .... Rot-Grün-Blau
RGGB .... Rot-Grün-Grün-Blau Marker für E2DE
RLE .... Run-Length Encoding
RMSE .... Root-Means-Square Error
RSA .... Rivest-Shamir-Adleman Verfahren
SCL .... Serial Clock des I2C
SDA .... Serial Data des I2C
SNR .... Signal to Noise Ratio
SSL .... Secure Sockets Layer
T.M.D.S. ..... Transition-Minimized Differential Signaling
TAN .... Transaktionsnummer
TLS .... Transport Layer Security
USB .... Universal Serial Bus
Verilog ...... Verilog Hardware Description Language
VHDL .... Very High Speed Integrated Circuit Hardware Description Language
VMM .... Virtual Machine Monitor
XOR .... Exklusives Oder
XRC .... eXtended emulation Resistant Cipher

Inhaltsverzeichnis

1 Einführung

Immer häufiger wird in den Medien von neuen Angriffen auf Unternehmen, Institutionen und Regierungen berichtet, die über IT-Systeme durchgeführt werden – sei es Datenklau oder Datenmanipulation. Das Thema IT-Sicherheit rückt damit immer mehr in den Fokus der Öffentlichkeit und ist seit längerem Gegenstand von Forschungsaktivitäten.
Zwar gibt es bereits einige Arbeiten und Systeme, die sich mit dem Thema des Schutzes sensibler Daten beschäftigen, jedoch bieten diese Systeme häufig keinen umfassenden Schutz vor einer der größten Schwachstellen im System: dem Benutzer und seinem Computer. Dem Angriff von innen, auch Insider Threat genannt, über Endgeräte ist häufig nichts entgegenzusetzen. Effektive Schutzmaßnahmen würden zumeist ein effizientes Arbeiten der Benutzer verhindern, weshalb die Maßnahmen nicht akzeptiert würden. Dabei können Datenmitnahmen eines Mitarbeiters zu einem neuen Arbeitgeber sogar den Konkurs des vorherigen Arbeitgebers bedeuten, wenn sensible Daten, Erfindungen und Betriebsgeheimnisse mitgenommen werden. Bisher beschränken sich die Empfehlungen zum Verhindern einer solchen Attacke von innen auf das Erkennen von auffälligen Verhaltensweisen des Benutzers [CC14]. Nicht umsonst fühlen sich 90% der befragten Firmen laut einer Umfrage von Insider Threats bedroht [Par18]. Dies wird unterstrichen durch eine Umfrage aus dem Jahr 2017, nach der 62% der Täter von untersuchten Angriffen aktuelle oder ehemalige Mitarbeiter waren [BM17]. Dies stieg in der Umfrage aus dem Jahr 2018 auf 63% an [BH18]. In dieser Umfrage wurde der Schaden für die deutsche Industrie durch Industrie-Spionage auf 43 Milliarden Euro innerhalb eines 2-Jahres-Zeitraums beziffert.
Zudem kann auch ein entfernter Angreifer vergleichsweise leichter Zugriff auf den Arbeitsplatzrechner einzelner Benutzer erhalten als auf üblicherweise gut gesicherte Server-Systeme. Solche Angriffe können auch durch Phishing, also das Fälschen von bekannten Webseiten und E-Mails zum Abfischen von Zugangsdaten, erfolgen. Phishing ist eine Spezialform des Social Engineering, dem Täuschen und Überreden des Benutzers durch soziale Interaktion. Durch das Übersenden von Viren in E-Mails, Phishing oder Social Engineering kann hier leichter das schwächste Glied der Kette gebrochen werden als in einem von Experten gesicherten System. So haben Benutzer der Kaspersky Lab Software 2017 über 246 Millionen Mal einen Phishing Alarm ausgelöst.[1] Die realen Fallzahlen sind dabei wahrscheinlich weit höher. Dazu haben 60% der Befragten in einer Umfrage aus dem Jahr 2016 angegeben, wahrscheinlich Opfer von Social Engineering geworden zu sein. 46% waren sich sicher, Ziel einer Spear Phishing Attacke (der Angriff auf ein bestimmtes Unternehmen oder eine bestimmte Person) gewesen zu sein. [Gro16]
Um Daten umfassender zu schützen, wird also ein System benötigt, das es einem authorisierten Benutzer erlaubt, seine Arbeit zu verrichten, ohne die Daten lokal kopieren und so möglicherweise entwenden zu können. Zudem müssen die Daten vor einem Angreifer geschützt werden,

[1] `https://securelist.com/spam-and-phishing-in-2017/83833/`

der vollen Zugriff auf den Computer des Benutzers erlangt hat.
Diese Arbeit beschäftigt sich daher mit dem Thema der End-to-Display-Verschlüsselung. Diese Verschlüsselung arbeitet auf dem Grafiksignal zwischen dem Computer und Monitor. Dadurch sind keine unverschlüsselten Daten auf dem Computer vorhanden und können daher nicht von Schadsoftware von diesem entwendet werden. Neben der Verschlüsselung der dargestellten Daten können auch Steuersignale für eine Verschlüsselung der Tastatureingaben sicher übertragen werden. Diese wird in der, in dieser Arbeit ebenfalls vorgestellten, Eingabeverschlüsselung KeySAR umgesetzt. Sie bietet zusammen mit E2DE eine Möglichkeit, die Daten vor einem Angreifer zu schützen, der Zugriff auf das Endgerät hat, ohne es dem Benutzer unmöglich zu machen, seine Arbeit durchzuführen. Die End-to-Display-Verschlüsselung folgt dem Grundsatz, dass sowohl dem Computer als auch dem Benutzer selbst nicht getraut werden darf. Es soll daher verhindert werden, dass dargestellte Daten auf dem Computer des Benutzers im einfachsten Fall durch ein Bildschirmfoto entwendet werden können. Als zweite Grundprämisse geht die End-to-Display-Verschlüsselung davon aus, dass der Server sicher ist. Er hält die unverschlüsselten Daten und kann Eingaben mittels KeySAR wieder entschlüsseln.
Um ein flüssiges Arbeiten für den Benutzer zu ermöglichen, zum Beispiel in einer Remote-Desktop-Umgebung, ist es jedoch notwendig, dass die Verschlüsselung die Datenleitung nicht überlastet und auch die Bildrate hoch genug ist. Zu diesem Zweck wurden für die End-to-Display-Verschlüsselung Optimierungen wie die linienbasierte Verschlüsselung und eine angepasste verlustbehaftete Lauflängenkodierung sowie eine effiziente Pixel-Kompression (kurz: EPiK) entwickelt. Diese werden in dieser Arbeit vorgestellt, getestet und in möglichen Anwendungen dargestellt. Als mögliche Erweiterung wird zudem die Video-Codec-basierte Verschlüsselung für das End-to-Display System dargestellt.

Zudem haben diese Methoden den großen Vorteil weiterhin mit von jedem System verwendeten Datentypen zu arbeiten. Daher kann die Verschlüsselung auch ohne spezielle Software oder Treiber verwendet und dargestellt werden. Die Hardware arbeitet hier nur auf dem HDMI Signal, bzw. führt die Tastaturverschlüsselung per USB durch und übergibt weiterhin lesbare Zeichen an den Computer. Somit wäre auch eine sichere Kommunikation auf einem Computer möglich, auf dem keine spezielle Software installiert werden kann.
Zur Bewertung der Anwendbarkeit der Methodik sind die folgenden Kriterien zu erfüllen:

1. Der Zugriff auf unverschlüsselte Daten darf nur durch autorisierte Benutzer erfolgen.
2. Die Übertragung der Daten soll abhörsicher sein.
3. Die Daten soll auch abhörsicher bearbeitet werden können.
4. Ein Klartext-Screenshot darf nicht möglich sein.
5. Eine als Bewegtbild-wahrnehmbare Bildrate soll erreicht werden können. [2]

Die Entwicklung dieser Methoden wird in den folgenden Kapiteln dargestellt. Dazu beginnt die Arbeit im zweiten Kapitel mit der Darstellung der Grundlagen. Hierzu gehören kryptographische Verfahren, Kompressionsverfahren, technische Grundlagen für die spätere Umsetzung,

[2] Die minimale Framerate (engl: frames per second, kurz: fps), um Sprite-Animationen als Animationen wahrzunehmen, liegt bei 12 fps, dies soll hier der untere Grenzwert sein. [Tha08]

sowie eine Einführung in Authentifizierungsmethoden. Das dritte Kapitel widmet sich dem Stand der Forschung und der Technik. Hierbei werden verschiedene Ansätze diskutiert, die ähnliche Zielsetzungen wie die End-to-Display-Verschlüsselung haben. Zudem werden auch kommerzielle Produkte besprochen, die ebenfalls einen Schutz der Daten anbieten.
Das vierte Kapitel stellt die Konzeption der End-to-Display-Verschlüsselung, der Optimierungen durch die linienbasierte Verschlüsselung sowie die effiziente Pixel-Kompression dar. Anschließend werden diese Konzepte in Kapitel fünf umgesetzt, bewertet und in prototypischen Anwendungen dargestellt. Anschließend werden mögliche Angriffsvektoren und die Robustheit der Daten diskutiert. Das abschließende sechste Kapitel fasst die Ergebnisse zusammen und gibt ein Ausblick auf weitere Entwicklungsmöglichkeiten.

2 Grundlagen

In diesem Kapitel wird eine Übersicht über die technischen Grundlagen gegeben, die für das Verständnis der vorliegenden Arbeit notwendig sind.

2.1 Kryptographie

Die Kryptographie bezeichnet Verfahren, die das Ziel verfolgen, Informationen vor Unbefugten zu verstecken, während Adressaten diese entziffern können. Der Duden definiert Kryptographie als Teilgebiet der Informatik, das sich mit der Entwicklung und Bewertung von Verfahren der Verschlüsselung geheimer Daten befasst. [SS06]
Die Methoden der Kryptographie haben eine lange Historie, die bereits im dritten Jahrtausend v. Chr. mit der altägyptischen Kryptographie begann. In ihr wurden spezielle Zeichen verwendet, die nur einem bestimmten Teil der Bevölkerung bekannt waren. [Ass94]
In Abbildung 2.1 sind die zentralen Begriffe der Kryptografie dargestellt. Ein Ausgangstext, der Klartext, wird durch den Prozess der Verschlüsselung mit einem Passwort zu einem Ciphertext bzw. Schlüsseltext umgewandelt. Durch den Entschlüsselungsprozess zusammen mit einem Passwort entsteht wieder der Klartext. Das Passwort ist bei der symmetrischen Verschlüsselung, siehe Abschnitt 2.1.4, das gleiche Passwort. Bei der asymmetrischen Verschlüsselung, siehe Abschnitt 2.1.5, sind diese Passwörter unterschiedlich.
In den folgenden Kapiteln werden die für die in dieser Arbeit präsentierte Methodik wichtigen Grundlagen der Kryptographie dargestellt.

2.1.1 Das Kerckhoffs'sche Prinzip

1883 veröffentlichte Auguste Kerckhoffs in seinem Werk „La cryptographie militaire“ [Ker83] sechs Grundsätze für sichere Verschlüsselungsverfahren.
Diese Grundsätze, aus dem Französischen übersetzt, sind:

1. Das System muss im Wesentlichen, wenn nicht mathematisch, unentzifferbar sein;

2. Das System darf keine Geheimhaltung erfordern und kann vom Gegner gestohlen werden ohne Probleme zu verursachen;

3. Es muss leicht zu übermitteln sein und man muss sich die Schlüssel ohne schriftliche Aufzeichnung merken können, es muss zudem einfach sein, den Schlüssel zu tauschen oder zu ändern, wenn die Korrespondenten dies wünschen;

4. Das System sollte mit telegraphischer Kommunikation kompatibel sein;

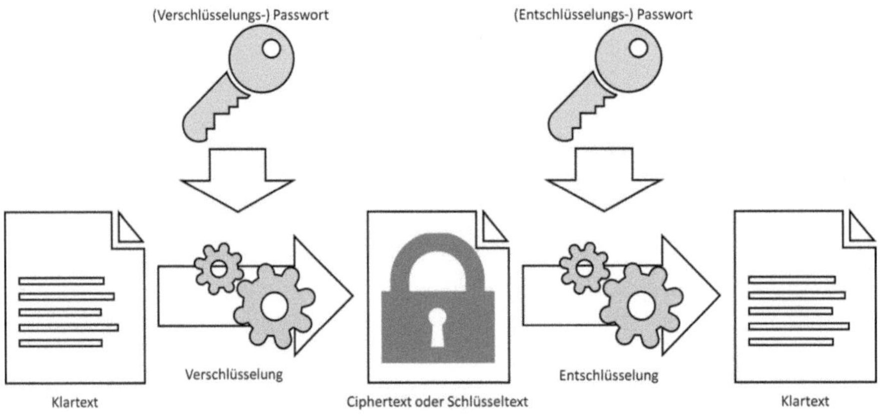

Abbildung 2.1: Begriffe der Kryptografie

5. Das System muss transportabel sein und die Bedienung darf nicht mehr als eine Person erfordern;

6. Schlussendlich muss es einfach anwendbar sein, wenn man bedenkt, in welchen Umständen ein solches System verwendet wird; es muss einfach zu bedienen sein und darf weder zu viel geistige Anstrengung, noch das Wissen einer langen Reihe von Regeln erfordern.

Ein diesen Prinzipien entsprechendes Verschlüsselungssystem existierte zur damaligen Zeit, Ende des 19. Jahrhunderts, nicht.
Aus diesen Prinzipien erwuchs der heutige Wunsch nach transparenten Kryptographie-Verfahren, die ihre Funktionsweise oder sogar die Implementierung offenlegen. Dies ist unter anderem bei Rivest-Shamir-Adleman Verfahren (kurz: RSA), Advanced Encryption Standard (kurz: AES) und Data Encryption Standard (kurz: DES) der Fall.

2.1.2 Permutationschiffre

Die einfachste und bekannteste Art der Verschlüsselung ist die Permutationschiffre. Insbesondere bei Buchstaben wird der zu verschlüsselnde Buchstabe einfach durch einen anderen, eindeutig zugeordneten, Buchstaben ersetzt. Diese Zuordnung kann zum Beispiel eine feste Verschiebung sein (Ceasarchiffre) [KK09]. Diese Verschlüsselung ist jedoch extrem einfach durch eine Häufigkeitsanalyse, auch Entropieanalyse genannt, zu entschlüsseln. Das Kryptoanalyse Verfahren der Häufigkeitsanalyse beruht darauf, dass ein in einem unverschlüsselten Text häufig vorkommender Buchstabe ungefähr genauso häufig in einem verschlüsselten Text vorkommen wird, wenn auch als Codesymbol. Eine solche Verteilung ist in Abbildung 2.4 auf Seite 14 dargestellt.
Eine schwieriger zu brechende Methode sind sich ändernde berechenbare Zuordnungen wie bei den Verschlüsselungsmethoden der Vigenère-Chiffre [Beu14] oder der Enigma [Rej80]. Diese ordnen dem Eingabebuchstaben jedes Mal einen anderen Ausgabebuchstaben zu. Daher kann

A	B	A⊕B
0	0	0
0	1	1
1	0	1
1	1	0

Tabelle 2.1: Wahrheitstabelle der Antivalenz

eine Häufigkeitsanalyse nicht greifen. Jedoch sind diese Verschlüsselungen durch die Kenntnis des Systems, bzw. des Codebuchs und der Rotoren zu brechen. Dadurch verstoßen diese Methoden gegen die geforderten Rahmenbedingungen von Kerkhoffs, da der Algorithmus, also die Rotoren und die Mechanik selbst, geheim gehalten werden müssen.

2.1.3 Exklusives Oder

Zur einfachen Transformation eines Klartextes in den Ciphertext wird meist das exklusive Oder (engl.: exclusive disjunction, kurz: XOR), auch als Antivalenz oder Kontravalenz bezeichnet, verwendet. Diese mathematische Operation wird durch die Zeichen $\oplus$, $\nLeftrightarrow$ oder $\underline{\vee}$ dargestellt. Ihre Funktion ist in Tabelle 2.1 dargestellt. [Bro05, S. 357]

Der Vorteil dieser Operation ist, dass sie schnell und effizient zu implementieren ist.

2.1.4 Symmetrische Kryptographie

In der symmetrischen Kryptographie wird zum Ver- und Entschlüsseln eines Klartextes in einen Ciphertext und umgekehrt das gleiche Codewort verwendet. Die Verschlüsselung auf diese Weise gilt dann als nicht zu knacken, wenn das Codewort aus einer zufälligen Abfolge von Schlüsselzeichen besteht. Zudem muss das Codewort mindestens die gleiche Länge wie der zu verschlüsselnde Klartext haben. Um absolute Sicherheit zu garantieren, darf dieses Codewort auch nur genau einmal verwendet werden.

Sind diese Rahmenbedingungen gegeben, ist es für einen Angreifer zwar möglich, bei einem Brute-Force Angriff[1] einen Klartext zu erhalten, dieser ist jedoch genauso richtig, wie jeder andere Klartext der gleichen Länge.

Würde bei der Verschlüsselung der Daten ein Codewort häufiger verwendet, entweder für mehrere Nachrichten oder wiederholt in einer Nachricht, so könnte wieder durch eine Entropieanalyse der Klartext hergestellt werden.

Ein bekannter Vertreter dieser Verschlüsselungsmethode ist der nach den Entwicklern Joan Daemen und Vincent Rijmen benannte Rijndael-Algorithmus [DR01] aus dem Jahr 2001, der als Advanced Encryption Standard (kurz: AES) vom US-amerikanischen „National Institute of Standards and Technology" veröffentlicht wurde.

[1]Bei Brute-Force Angriffen werden alle möglichen Kombinationen ausprobiert.

2.1.5 Asymmetrische Kryptographie

Im Gegensatz zur symmetrischen Kryptographie ist es bei der asymmetrischen Kryptographie nicht möglich die verschlüsselte Nachricht mit dem zur Verschlüsselung verwendeten Schlüssel zu entschlüsseln. Ein bekanntes asymmetrisches Verfahren ist das Rivest-Shamir-Adleman Verfahren (kurz: RSA) [RSA78] aus dem Jahr 1978. Ein ähnliches Verfahren wurde bereits Anfang 1970 vom britischen Nachrichtendienst "Government Communications Headquarters" (deutsch: Regierungskommunikationszentrale, kurz: GCHQ) entwickelt, jedoch aus Geheimhaltungsgründen nicht veröffentlicht [Coc73]. Der Sender muss den Schlüssel des Empfängers nicht in vollem Umfang kennen, um ihm eine verschlüsselte Nachricht zu senden. Daher kann dieser Sender auch nicht andere Nachrichten, die dem Empfänger gesendet wurden, entschlüsseln. Um dies zu ermöglichen, muss der Empfänger zuerst ein Schlüsselpaar erzeugen. Dieses Schlüsselpaar besteht aus einem öffentlichen und einem privaten Schlüssel. Der öffentliche Schlüssel darf dabei jedem bekannt sein und besteht aud dem Paar (e, n).
Dabei sollte für n gelten:

$$n = p \cdot q \tag{2.1}$$

p und q sind dabei beides idealerweise große Primzahlen. n wird mit dem öffentlichen Schlüssel e veröffentlicht, p und q jedoch nicht. Da sie aber große Primzahlen sind und eine Primfaktorzerlegung nur in nicht-polynominaler Zeit berechenbar ist [Bre90], sind p und q nur mit sehr hohem Aufwand wiederherstellbar. Der private Schlüssel d, der nur dem Besitzer selbst bekannt sein sollte, sollte so gewählt werden, dass die sehr große Zahl d in Relation zu $(p-1)\cdot(q-1)$ steht. Dies bedeutet, dass

$$ggt(d,(p-1)\cdot(q-1)) = 1 \tag{2.2}$$

gelten sollte. Hierbei bezeichnet $ggt(a, b)$ die Funktion zum Finden des größten gemeinsamen Teilers zweier Ganzzahlen a und b.
Schlussendlich ergibt sich aus p und q, welche n und d bedingen, auch der öffentliche Schlüssel e durch das multiplikative Inverse. Dabei gilt

$$e \cdot d \equiv 1 \; mod((p-1)\cdot(q-1)) \tag{2.3}$$

Um eine Nachricht M zu einem Ciphertext C zu verschlüsseln wird nun die Gleichung

$$C \equiv M^e (mod\; n) \tag{2.4}$$

angewandt.

Zur Entschlüsselung der Nachricht wird der private Schlüssel d verwendet. Hierbei wird die Formel

$$M \equiv C^d (mod\; n) \tag{2.5}$$

angewendet.

Die Sicherheit von RSA hängt sehr stark von der Schlüssellänge ab, also der Größe der Zahlen p, q und d. Sind diese Zahlen zu klein, so kann die Nachricht mit Brute-Force Methoden

geknackt werden. So wuchs die empfohlene Schlüssellänge seit Veröffentlichung der Methode stetig an. Im Paper von Rivest et.al. aus 1978 [RSA78] wurde eine Schlüssellänge von 200 Stellen empfohlen, was 663 Bits entspricht. Die aktuelle Empfehlung des Bundesamt für Sicherheit in der Informationstechnik (kurz: BSI) für die Mindestlänge der RSA Schlüssel beträgt 2000 Bits bis Ende 2022, danach 3000 Bits [bsi18].
Die asymmetrische Verschlüsselung kann auch dazu verwendet werden, um Inhalte zu signieren. Dadurch kann sichergestellt werden, dass der Absender sowie der Inhalt authentisch sind und nicht verändert wurden.

2.1.6 Diffie-Hellman-Schlüsselaustausch

1976 wurde das Schlüsselaustauschverfahren ax1x2 von Whitfield Diffie und Martin Hellman [DH76] vorgestellt. Es wurde inspiriert vom Merkel Puzzle [Mer78], das aus 1974 stammt, jedoch erst 1978 veröffentlicht wurde.
Das Grundproblem des Diffie-Hellman-Schlüsselaustausches ist es, dass zur Übermittlung eines geheimen Schlüssels ein unsicheres Medium verwendet werden muss. Um trotzdem einen sicheren geheimen Schlüssel zu erzeugen werden die folgenden Schritte durchgeführt:

1. Die Beteiligten einigen sich öffentlich auf eine große Primzahl p und eine natürliche Zahl g, wobei $p > g$ gelten muss.

2. Die Beteiligten erzeugen nun eine geheime Zahl a und b, wobei gilt $0 < a < p$ und $0 < b < p-1$. Dies sind die privaten Schlüssel, die bei den jeweiligen Beteiligten bleiben.

3. Anschließend werden von den jeweiligen Beteiligten die öffentlichen Schlüssel berechnet durch: $A = g^a mod p$ und $B = g^b mod p$.

4. Diese Schlüssel werden nun ausgetauscht. Dabei kann jeweils $K_1 = B^a mod p$ und $K_2 = A^b mod p$ berechnet werden. Es gilt: $K_1 = B^a = (g^b)^a = (g^a)^b = A^b = K_2$. Somit haben beide Beteiligten den gemeinsamen, nur ihnen bekannten Schlüssel K errechnet.

Diese Schlüsselaushandlung wird auch bei der Transportverschlüsselung (engl.: Transport Layer Security, kurz: TLS), siehe Abschnitt 3.1, verwendet.

2.1.7 Hybride Chiffre

Aufgrund der hohen Sicherheit erscheint die asymmetrische Verschlüsselung RSA die sicherste Variante der genannten Methoden zu sein. Jedoch ist diese sehr aufwendig. Dies liegt vor allem an der Komplexität der Modulo-Berechnung, die bei der klassischen Methode [DKT07] bei $O(N^2)$, bei der Methode von Cooley et al. [CT65] bei $O(N\, log(N))$, sowie bei der Methode von Karatsuba und Ofman [KO63] bei $O(N^{1.58})$ liegt. Daher ist es oft zu aufwendig, eine komplette Nachricht mit RSA zu verschlüsseln. Dies liegt auch an der Länge der zu verschlüsselnden Nachricht. Um eine hohe Sicherheit zu garantieren, müsste der Schlüssel mindestens die gleiche Länge haben wie der zu verschlüsselnde Text. Zudem müssten die Schlüssel sich ständig ändern.

Stattdessen wird häufig ein hybrider Ansatz aus RSA und AES gewählt. Hierbei wird die Nachricht selbst mit AES verschlüsselt. Der zur Verschlüsselung verwendete zufällige Schlüssel wird anschließend per RSA verschlüsselt und zusammen mit der per AES verschlüsselten Nachricht übermittelt. Der Empfänger muss nun mit seinem privaten Schlüssel zuerst den RSA-Container entschlüsseln, was ihm den AES-Schlüssel liefert. Mit diesem Schlüssel kann er nun den Rest der Nachricht entschlüsseln.

2.1.8 Pixel-Domänen-Verschlüsselung

Wenn von verschlüsselten Dateien die Rede ist, ist meist eine Verschlüsselung auf Datenebene gemeint. Hier werden die Bits und Bytes eines Datenpaketes verschlüsselt. Dies geschieht vollständig und das Ergebnis wird, je nach Methode, in einen Container verpackt.

Wir können eine Bilddatei D wie folgt definieren:

$$D := M \cup I \tag{2.6}$$

Eine Bilddatei besteht aus einem sichtbaren Inhalt I, dem Bild, das je nach Kompressionsmethodik kodiert wurde, und den Metainformationen M. Diese Metainformationen enthalten Angaben zur Kompression und Kodierung. Zudem können weitere Angaben zum Inhalt selbst gespeichert sein. Gerade bei Aufnahmen einer Digitalkamera werden Metainformationen im Exchangeable Image File Format (kurz: Exif) [Com16] gespeichert. Diese enthalten dann zum Beispiel Ort und Uhrzeit der Aufnahme, Kameramodell und weitere Informationen.

Werden nun Dateien mit herkömmlichen Methoden verschlüsselt, so wird meist, zum Beispiel durch die XOR Operation $\oplus$, die gesamte Datei mit einer pseudo-zufälligen Matrix M_c zu einer Cryptodatei C verschlüsselt.

$$C := M_c \oplus D \tag{2.7}$$

Dies hat den Vorteil, dass auch Metainformationen verschlüsselt werden, die auch sensible Informationen enthalten können. Die Datei lässt sich jedoch weder als Bilddatei erkennen, noch darstellen.

Eine Verschlüsselung auf Darstellungsebene D_c verschlüsselt im Gegensatz dazu nur die Darstellungsebene I und erhält die Metainformationen M.

$$D_c := M \cup (M_c \oplus I) \tag{2.8}$$

Der Vorteil dieser Verschlüsselung ist nun, dass die Bilddatei weiterhin als Bilddatei erkennbar ist und auch als solche dargestellt werden kann. Sie hat weiterhin alle Eigenschaften wie Höhe und Breite des Originalbildes. Dadurch kann die Bilddatei ohne besondere Software dargestellt werden. Das Bild ist jedoch nur mit der entsprechenden Soft- und Hardware und den passenden Schlüsseln unverschlüsselt darstellbar.

2.2 Kompression

Ein ständiges Problem der Datenübertragung ist die technische Begrenzung der Übertragungsgeschwindigkeit und damit des möglichen Durchsatzes. Um dennoch einen akzeptablen Datendurchsatz zu ermöglichen, werden die Daten vor der Übertragung komprimiert.
Bei dieser Kompression wird durch unterschiedliche Methoden versucht redundante Informationen zusammenzufassen oder auch unwichtige Informationen zu entfernen.
Dabei wird zwischen zwei Verfahrensklassen unterschieden: die verlustbehaftete Kompression, die zum Zweck der Datenmengenreduktion auch den Verlust von Informationen in Kauf nimmt, und die verlustfreie Kompression, die trotz reduzierter Datenmenge, den vollen Informationsgehalt repräsentiert.
Die folgenden Abschnitte beschäftigen sich mit diesen beiden Verfahrensklassen und stellen beispielhaft an Kompressionsverfahren dar, wie diese funktionieren.

2.2.1 Verlustbehaftete Kompression

Die verlustbehaftete Kompression verzichtet für den Zweck der Reduktion der Datenmenge auf Teile des Inhaltes. So wird versucht die Details bei der Übertragung auszulassen, die für das Verständnis der Gesamtheit weniger oder nicht wichtig sind. Für Audiodaten wird hier zum Beispiel das psychoakustische Modell [ZH75] verwendet. Dieses beruht unter anderem darauf, dass das menschliche Gehör leise Töne (Töne mit geringer Amplitude) kurz vor lauten Tönen (Töne mit hoher Amplitude) nicht wahrnehmen kann.
Ähnliche Effekte gibt es auch auf visueller Ebene. Sie werden auch psychovisuelle Grenzwerte genannt. Die Methodik des Farbunterabtastung (engl.: (Chroma-)Subsampling) nutzt diese Effekte, indem sie Chrominanz (auch Farbigkeit genannt) und Illuminanz (auch Helligkeit genannt) mit unterschiedlichen, an das menschliche Sehen angepassten Prioritäten bewertet [BB16b]. Die Funktionsweise des Subsamplings ist in Abbildung 2.2 dargestellt.
Dies macht sich auch die Bildkompression der Joint Photographic Experts Group (kurz: JPEG) zunutze [Itu93]. Bei dieser wird zudem eine Quantisierung durchgeführt, die aus kleinen 8x8 Bildausschnitten durch eine diskrete Kosinustransformation (kurz: DCT) eine Darstellung von Frequenzänderungen in diesem 8x8 Bereich erzeugt. Anschließend wird in dem verlustbehafteten Quantifizierungsschritt die Granularität der Änderung in den niedrigen Änderungsbereichen entfernt, je nach Kompressionsgrad. Der Qualitätsverlust ist in Abbildung 2.3 am Beispiel des „Lena“[2]-Bildes dargestellt.

2.2.2 Videokompression MPEG-4/H.264

Der Videostandard MPEG-4 (ISO/IEC-14496) [ISO98] der Moving Picture Experts Group besteht im Kern aus vier unterschiedlichen Bildtypen (oder Frames), diese sind in der Tabelle 2.2 dargestellt. Diese Bilder werden in einer Bildsequenz (engl.: Group Of Pictures, kurz: GOP) dargestellt.

[2] Ausgangsbild: Lena (Lenna) `https://www.ece.rice.edu/~wakin/images/`, `http://www.lenna.org/`

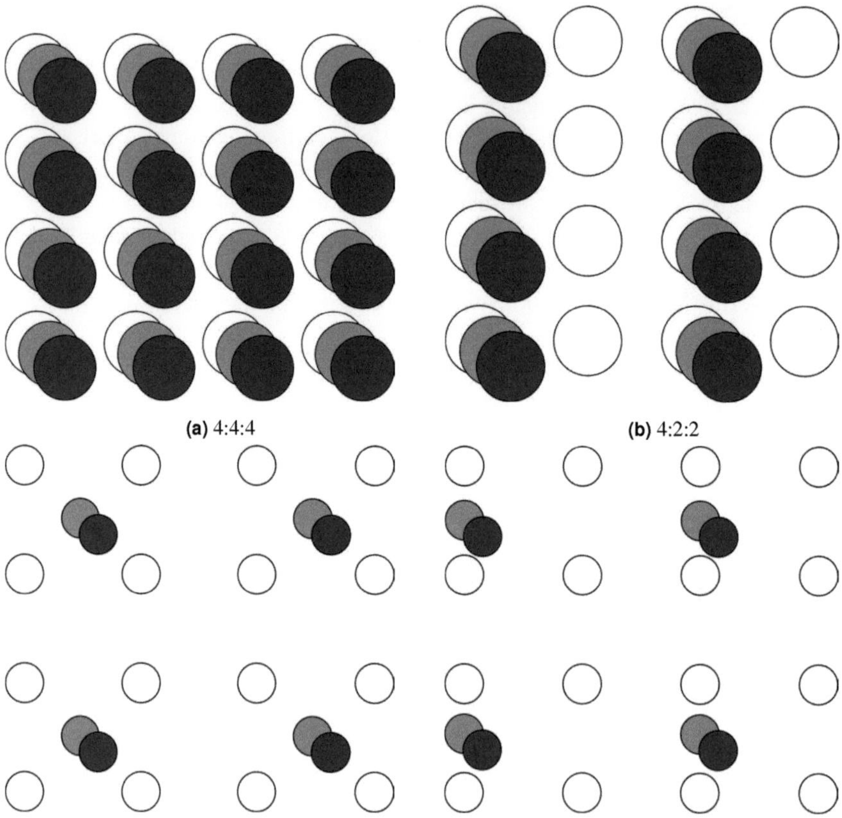

(a) 4:4:4 **(b)** 4:2:2 **(c)** 4:2:0 **(d)** 4:2:0 mit MPEG-2 Abtastposition

Abbildung 2.2: Subsampling, ◯ Helligkeitssignal Y ● Abtastrate der beiden Farbkanäle C_b und C_r ● Abtastrate der beiden Farbkanäle C_b und C_r der unteren Pixelreihe des Pixelblocks

Frametypen von MPEG		
Frametyp	**Name**	**Beschreibung**
I-Frame	Intra-Coded Picture	kodiertes Einzelbild bzw. Vollbild
P-Frame	Predictive-Coded Picture	Blöcke, die sich im Vergleich zum Vorgänger I- oder P-Frame geändert haben
B-Frame	Bidirectionally Predictive-Coded Picture	Blöcke, die sich im Vergleich zum Vorgänger und Nachfolger I- oder P-Frame geändert haben
D-Frame	DC-Coded Picture	DCT-Blocks, wird nicht im Zusammenhang mit I,P und B Frames verwendet

Tabelle 2.2: Frametypen von MPEG

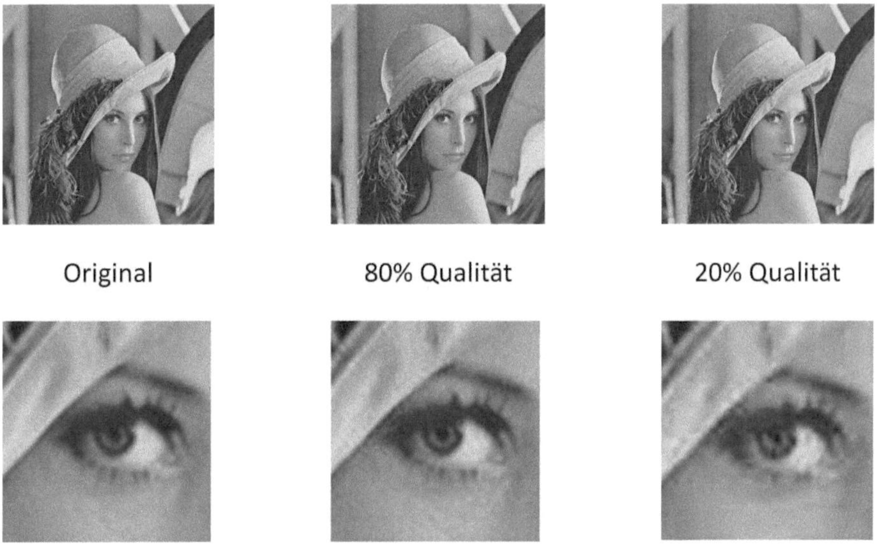

Original 80% Qualität 20% Qualität

Abbildung 2.3: Vergleich des Qualitätsverlusts bei JPEG Kompression mit 80% und 20% Qualität. Im Gesamtbild (oben) und Bildausschnitt (unten).

Eine GOP besteht aus einer Aneinanderreihung unterschiedlicher Frames. Für eine hohe Qualität bei hoher Datenrate werden ausschließlich I-Frames übertragen, was einem Motion JPEG (kurz: MJPEG) entspricht.

2.2.3 Verlustfreie Kompression

Im Gegensatz zur verlustbehafteten Kompression, versucht die verlustfreie Kompression den vollen Informationsgehalt zu erhalten. Diese wird meist bei Text- oder Computerdaten verwendet, die durch verlorene Daten unbrauchbar werden können.
Um die Kompression zu erreichen, werden Redundanzen in diesen Daten ausgenutzt. In der deutschen Sprache gibt es zum Beispiel Buchstaben, die häufiger verwendet werden als andere, wie in Abbildung 2.4 dargestellt. In einer Entropiekodierung kann dies ausgenutzt werden.
Wie in der Tabelle in der Abbildung 2.4 zu sehen ist, werden bestimmte Buchstaben weitaus häufiger verwendet. Würden diese Buchstaben durch weniger Zeichen repräsentiert, anstatt zum Beispiel beim American Standard Code for Information Interchange (kurz: ASCII) [ISO91] jeweils mit 7 Bits, könnte hier einiges an Datenverkehr eingespart werden. Dies wurde schon in der heute noch als internationales Morsealphabet verwendeten Kodierung für Telegraphiesignale von Friedrich Clemens Gerke [Ger51] umgesetzt.
Wie in Abbildung 2.5 zu sehen ist, werden die häufigsten Buchstaben im englischen Alphabet durch wenige Zeichen kodiert. So kann der Buchstaben "e" durch nur einen langen Ton übertragen werden, dagegen das "h" durch vier lange Töne.
Eine anderer Ansatz der Kompression wird bei der ZIP-Kompression [DG96] verwendet. Die für diesen Zweck entwickelte Kompression Deflate [Deu96] verwendete einen

Abbildung 2.4: Verteilung der Buchstabenhäufigkeit in der deutschen [Beu14] und englischen [Nor12] Sprache.

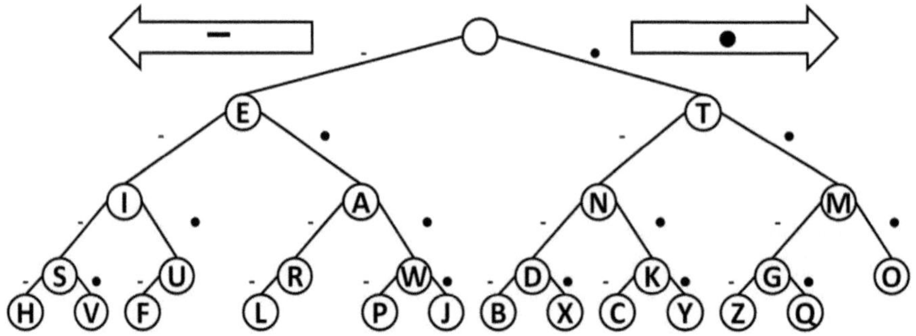

Abbildung 2.5: Darstellung der Buchstaben im Internationalen Morsecode. •= kurzer Ton, – = langer Ton. [mor09]

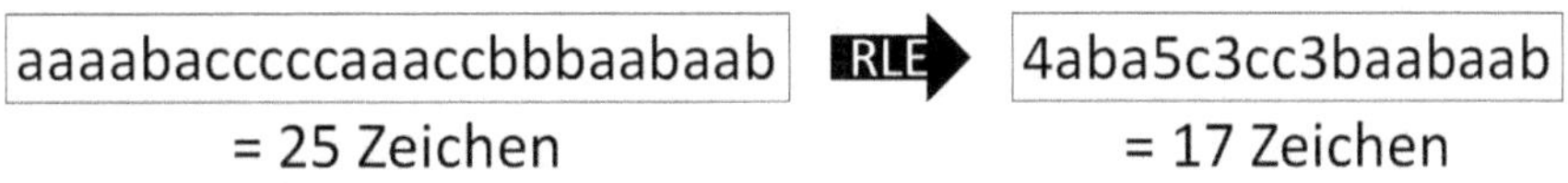

Abbildung 2.6: Einsparung durch Lauflängenkodierung unter der Annahme, dass Zahlen immer die Anzahl der Zeichen angeben.

Wörterbuch-Ansatz (auch Substitutionskompression genannt) basierend auf dem Lempel-Ziv-Storer-Szymanski-Algorithmus (kurz: LZSS) [SS82] mit anschließender Huffmann-Kodierung [Huf52]. Hierbei werden die häufig auftretenden Zeichenfolgen in einem Wörterbuch erfasst, um bei der späteren Kompression auf diese zu verweisen. Diese Wörter können dabei auch Bitdaten bzw. Bitfolgen sein.
Einen ähnlichen Aspekt nutzt auch die Lauflängenkodierung (engl.: Run-Length Encoding, kurz: RLE) [RC67][Sal07]. Diese kann im Vergleich zu anderen Methoden auch genutzt werden, um Redundanzen in kontinuierlichen Daten zu repräsentieren. Hierfür muss nur vorab abgestimmt werden, wie das Format der RLE ist, anschließend können auch unbekannte Alphabete oder Texte kontinuierlich übertragen werden. Ein Beispiel ist in Abbildung 2.6 dargestellt.
Die Verwendung von RLE ist auch bei visuellen Medien möglich. So wurden sie schon beim Utah RLE Format [Tho86] und bei Device Independent Bitmaps (kurz: DIBs) bzw. Windows Bitmap (kurz: BMP) [Ger92] verwendet.
Im Gegensatz zu Wörterbuchansätzen muss hierbei kein festes oder kontinuierlich aufgebautes Wörterbuch vorgehalten werden, sondern bisher verarbeitete Daten können vergessen werden. Dies macht RLE robuster bei Übertragungsunterbrechungen und Störungen.
Es sollte auch erwähnt werden, dass effektive Kompressionsverfahren für visuelle Medien existieren, die verlustfrei sind. Zum Beispiel kann Portable Network Graphic (kurz: PNG) [RK99][3] Bilder verlustfrei übertragen. Diese verwenden neben der Delta-Kodierung der Farbwerte zu ihren direkten Nachbarn (links, oben, links+oben, links+oben+schräg links oben), den oben beschriebenen Deflate-Algorithmus.

2.3 Authentifizierungsmethoden

Zur Authentifizierung eines Benutzers gibt es verschiedene Möglichkeiten, die sich in drei Faktoren zusammenfassen lassen, dem Faktor Wissen, dem Faktor Haben und dem Faktor Biometrie [Beu14]. Diese werden nun kurz dargestellt.

2.3.1 Wissen-Faktor

Die klassischste Form der Authentifizierung durch Wissen ist das Passwort, sei es durch das gesprochene Wort, das dem Wachposten signalisiert, dass man eine vertrauenswürdige Person ist oder die Passworteingabe am Computer.

[3] http://libpng.org/pub/png/

Die Sicherheit des Passwortes beruht immer darauf, dass es nicht leicht zu erraten ist und vor allem nur dem ausgewählten Personenkreis bekannt ist.
Sind Passwörter leicht zu erraten, können sie sehr schnell durch Brute-Force oder Wörterbuchattacken geknackt werden.
Der Vorteil eines Passwortes ist, dass, sollte es bekannt werden und somit unsicher, es meist schnell geändert werden kann. So kann ein Zugangscode zum Beispiel täglich geändert werden. Zudem kann das Passwort, falls gewünscht, schnell und einfach weitergegeben werden.

2.3.2 Haben-Faktor

Die wohl bekannteste Authentifizierung durch den Haben-Faktor ist der Hausschlüssel. Die Haustür kann nur von der Person geöffnet werden, die den physikalischen Haustürschlüssel besitzt.
Ein solcher Authentifizierungsgegenstand kann auch eine Chipkarte, ein passender Keramiksplitter oder seit neuestem das Mobiltelefon sein.
Der Vorteil dieser Verfahren ist, dass sich die Schlüssel relativ leicht weitergeben lassen und in ihrer Menge begrenzt sind. Ein Passwort kann einfach weitergesagt oder auf einen Zettel geschrieben werden, aber ein Schlüssel oder eine Chipkarte muss aufwendig kopiert werden. Dazu muss man für einen Kopiervorgang meist physikalischen Zugriff auf das zu kopierende Objekt haben. Ein Passwort lässt sich abhören oder durch den Blick über die Schulter entwenden.
Die Physikalität ergibt jedoch auch das große Problem des Haben-Faktors, der Verlust des Gegenstandes verhindert die Authentifizierung des Benutzers und erlaubt es einem Angreifer, mit diesem Zutritt zu erhalten, da der Gegenstand nicht personengebunden ist. Auch stellt die Verteilung des Schlüssels ein Problem dar.

2.3.3 Biometrie-Faktor

Bei der Biometrie ist die bekannteste Authentifizierung das Erkennen einer bekannten Person, zum Beispiel wenn der Bankberater den Kunden bereits kennt und ihm daher Geld von seinem Konto auszahlt.
Im Gegensatz zu den beiden oben genannten Faktoren hat die Biometrie den Vorteil, dass sie nur schwer zu verlieren ist. Biometrie kann sowohl der Fingerabdruck, Gesichtserkennung oder auch DNA-Analyse sein. Dieser Vorteil ist jedoch auch der größte Nachteil. Biometrische Merkmale wie die Iris oder Gesichtsmerkmale sind in der Öffentlichkeit nur schwer zu verstecken. Daher kann ein Benutzer auch ohne aktives Zutun identifiziert werden, wenn die Merkmale bekannt sind. Auch kann nicht sichergestellt werden, dass diese Merkmale nicht künftig kopiert und somit geklaut werden können. Da die biometrischen Merkmale auch nicht wie ein Passwort leicht geändert werden können, birgt dieser Faktor auch die Gefahr, dass nach einem Verlust oder der Kopie eines biometrischen Merkmals dieser Faktor nie wieder sicher verwendet werden kann.
Aktuelle Fälle von Datenlecks mit biometrischen Merkmalen spiegelt dieses Problem wieder. So wurden 2018 ein Datenleck in der indischen Verwaltung bekannt, welches auch die

Daumenabdrücke und Iris Scans von 1,1 Milliarden indischen Bürgern umfasste. [4] In 2019 konnten Sicherheitsforscher eine Datenbank mit über einer Millionen Fingerabdrücken frei im Netz finden. [5]

2.3.4 Kombination von Authentifizierungsfaktoren

Um die Probleme der einzelnen Faktoren zu kompensieren, werden diese Faktoren kombiniert. Am häufigsten wird hierbei die Zwei-Faktor-Authentifizierung (kurz: 2FA oder TFA) verwendet. Bei einer Zwei-Faktor-Authentifizierung müssen zwei unterschiedliche Merkmale verwendet werden. Meist wird die Kombination der Faktoren Wissen und Haben verwendet. Zum Beispiel die Bankkarte mit Eingabe einer persönlichen Identifikationsnummer (kurz: PIN).

Eine Zwei-Faktor Authentifizierung wird auch von Institutionen wie der Europäischen Zentralbank (kurz: EZB) [ezb13] und der Bundesanstalt für Finanzdienstleistungsaufsicht (kurz: BaFin) [baf15] gefordert.

Die Umsetzung der Zwei-Faktor-Authentifizierung stand in der letzten Zeit in der Kritik. So wird häufig als Faktor Haben das Smartphone verwendet, bzw. eine mit dem Smartphone verknüpfte App. Der Faktor Wissen wiederum wird dann häufig als Passwort oder PIN in genau dieser App hinterlegt. Dadurch wird aus den zwei Faktoren faktisch einer.

Insbesondere bei Banking-Apps ist dies besonders problematisch. Um Transaktionen zu bestätigen, werden zusätzlich häufig Transaktionsnummern (kurz: TAN) verwendet. Eine solche Tan spiegelt eigentlich den Haben-Faktor wieder, da sie entweder auf einem dezidierten Gerät oder einer physikalischen Liste vorliegt. TANs können zum Beispiel auch an ein Mobiltelefon oder Smartphone gesendet werden (mobile Transaktionsnummer, kurz: mTAN). Wird auf dem Smartphone, an das die mTAN geschickt wird, auch die Banking-App ausgeführt und gleichzeitig der Wissensfaktor eingegeben, so ist die Trennung dieser beiden Faktoren nur noch schwer aufrecht zu erhalten. So wurde unter anderem beim pushTAN Verfahren der Sparkassen Apps [VH16] gezeigt, wie dieses missbraucht werden kann. Auch aktuelle Apps sind weiter angreifbar. [6]

Eine Zwei-Faktor-Authentifizierung durch die Faktoren Wissen und Haben wird weitgehend als ausreichend betrachtet. Die Schwachstellen der Zwei-Faktor-Authentifizierung sind hierbei die gleichen wie bei den einzelnen Authentifizierungsmethoden. Der Angreifer wird jedoch mehr Aufwand aufbringen müssen, um an beide Faktoren zu kommen. Dies erhöht für ihn die Kosten und schützt somit den Nutzer. Bekannte Angriffe auf dieses Verfahren sind zum Beispiel Bankkartenskimmer [JBDS08]. Hierbei wird der Haben-Faktor durch das Kopieren der Bankkarte unterwandert. Der Faktor des Wissens wird durch Ausspähen der PIN-Eingabe durch einen Anwesenden, eine versteckten Kamera oder durch das Anbringen einer falschen Tastatur[7] durchgeführt.

[4] https://www.zdnet.com/article/another-data-leak-hits-india-aadhaar-biometric-database/

[5] https://www.heise.de/security/meldung/Biometriedatenbank-mit-27-8-Millionen-Eintraegen-ungesichert-im-Netz-4496575.html

[6] http://www.sueddeutsche.de/digital/exklusiv-online-banking-apps-sind-anfaellig-fuer-hacker-1.3762624

[7] https://krebsonsecurity.com/all-about-skimmers/

In hochsicheren (IT-)Systemen wird versucht, eine Zwei-Faktor-Authentifizierung oder sogar eine Drei-Faktor-Authentifizierung durchzuführen. So kann hier das biometrische Merkmal zur Authentifizierung durch einen Fingerabdruckscanner abgefragt werden, das benötigt wird, um etwa den Computer zu entsperren. Der Haben-Faktor kann zusätzlich der Besitz eines RSA-Tokens sein, oder ein mTAN-Verfahren. Der Wissen-Faktor ist das Passwort.
Diese Arbeit beschränkt sich auf die Verwendung des Haben-Faktors. Bei der Verwendung von Serverapplikationen mit Zugangsdaten, wird sie um den Wissensfaktor erweitert.

2.4 Technische Grundlagen

Zur Umsetzung der Forschungsbemühungen wurden verschiedene Hardwarekomponenten und Protokolle verwendet. Diese werden in den folgenden Abschnitten dargestellt.

2.4.1 HDMI und T.M.D.S.

In dieser Arbeit wird die E2DE-Entschlüsselung auf dem Grafiksignal vom Computer zum Monitor durchgeführt. Zur Übertragung des Grafiksignals vom Computer zum Monitor wird das 2002 eingeführte High Definition Multimedia Interface (kurz: HDMI) verwendet. Dieses ist für digitale Bild- und Ton-Übertragung konzipiert und ist eine Weiterentwicklung des DVI-Standards, zu dem es abwärtskompatibel ist. Der HDMI-Standard unterstützt jedoch eine höhere Datenrate als zuvor DVI. [HL03]
Zur Datenübertragung wird Transition-Minimized Differential Signaling (kurz: T.M.D.S.) verwendet, das bis zu 5,94 GBit/s pro Leitung (engl.: Lane) realisieren kann. [Gro99] Dazu werden bei T.M.D.S. die Daten als Differenzialsignale übertragen.
Um trotz der hohen Datenrate die Datenintegrität zu gewährleisten wird der 8b/10b-Code verwendet, der die 8 Bits Daten, z.B. RGB-Werte, durch Kontrollbits erweitert. [WF83]

2.4.2 Chipkarte und JavaCard

Für die Benutzerfreundlichkeit vieler Sicherungssysteme werden sogenannte Smartcards verwendet. Unter einer Smartcard, auch Chipcard genannt, versteht man eine Plastikkarte mit eingebautem Chip (engl.: Integrated Circuit Card, kurz: ICC). Sie wurde zuerst 1970 in Deutschland als Patent [DG70] veröffentlicht. Daneben wurde 1978 auch in Frankreich ein Patent [Mor78] eingereicht. In den USA wird hingegen das Patent [Sch77], das 1977 angemeldet wurde, als ausschlaggebend angesehen.
Diese Chips können zum Beispiel Schlüsseldaten enthalten (Memorycards) und auch in gewissem Umfang Berechnungen durchführen (CPU-Karten). Je nach der Konzeption kann dadurch auch sichergestellt werden, dass die Schlüsseldaten selbst den Chip nie verlassen.
Die Kommunikation der Chipkarten ist in der ISO 7816 Teil 3 [ISO06b] definiert. Die darin definierten Datenleitungen sind in Tabelle 2.3 dargestellt. Angesprochen wird die Chipkarte über vier Datenleitungen sowie zwei Leitungen für die Stromversorgung und eine für die Programmierung, die aber je nach Kartentyp nicht benötigt wird. Es werden daher sechs der acht möglichen Pins verwendet. Die beiden übrigen Pins können für applikationsspezifische

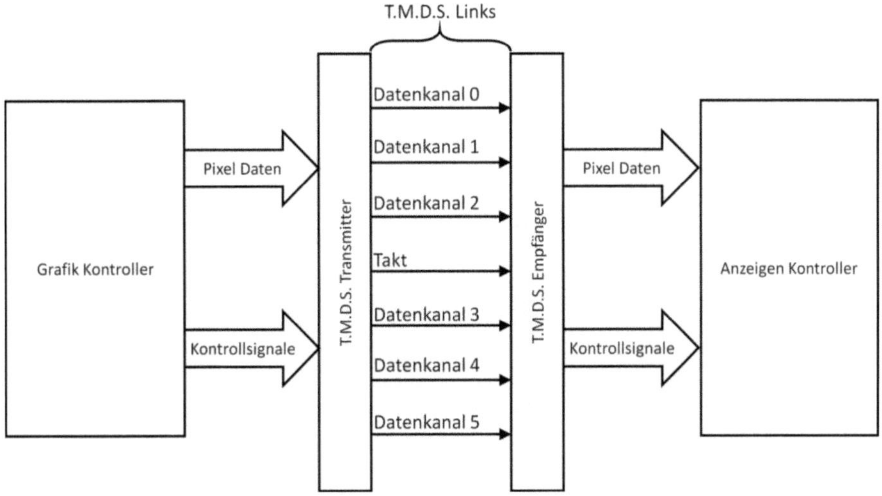

Abbildung 2.7: T.M.D.S. Verbindung nach [Gro99]

Pinbelegung Chipkarte		
Pin Nummer	**Pin Name**	**Funktion**
1	VCC	+5v or 3.3v DC
2	Reset	Card Reset (Optional)
3	CLOCK	Card Clock
5	GND	Ground
6	VPP	+21v DC for programming, or Not connected
7	I/O	In/Out

Tabelle 2.3: Pinbelegung einer Chipkarte nach [ISO06b] bei 6 Pin Smartkarten

Anwendungen verwendet werden und sind in der 6-Pin-Version nicht verbunden. Die physikalische Anordnung der Pins ist in Abbildung 2.8 dargestellt.
CPU-Karten können unter anderem mit Java programmiert werden. Hierfür wurde der Unterstandard Java Card[8][SM08] definiert. Dieser ist sowohl in der Funktionweise, als auch im Funktionsumfang beschränkt. Die Funktionsweise ist insbesondere dadurch beschränkt, dass öffentlich ansprechbare Funktionen nur einen Parameter akzeptieren, der ein byteArray (byte[]) sein muss.
Der Funktionsumfang richtet sich nach der vom Kartenhersteller bereitgestellten Java Virtual Machine (kurz: JVM). Diese kann vom Kartenhersteller an die Möglichkeiten und Zielanwendungen der Karte angepasst werden. So können Operationen in der einen Chipkarte möglich sein und in einer anderen nicht.
Zur Kommunikation zwischen dem Host und der Karte werden in diesem Kontext Application

[8]`http://www.oracle.com/technetwork/java/embedded/javacard/overview/index.html`

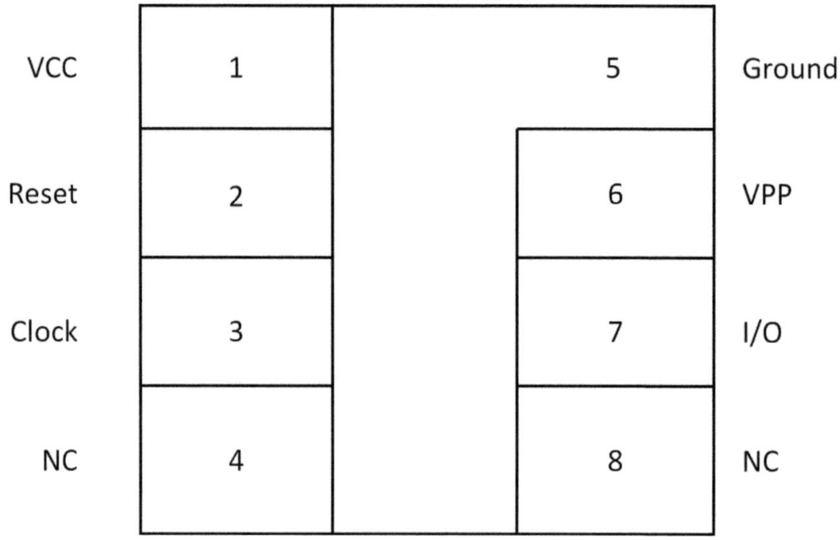

Abbildung 2.8: Konnektor für Chipkarten nach [ISO06b]

Werte der Command-APDU	
Wert	**Beschreibung**
Class	Definiert, auf welche Klasse von Instruktionen zugegriffen werden soll.
Instruction	Wählt aus der Klasse eine bestimmte Instruktion aus.
P1, P2	Übergabe-Parameter für die Instruktion.
Length	Die Länge des folgenden Data Fields in Byte.
Data Field	Die gesendeten Daten.
Length	Die maximale Länge des Data Fields im Response-APDU.

Tabelle 2.4: Werte der Command-APDU

Protocol Data Units (kurz: APDU) verwendet. Diese können in Command-APDU, also vom Host zur Prozessorkarte, und Response-APDU, die Antwort von der Prozessorkarte zum Host, unterteilt werden.
Der Aufbau eines Command-APDU ist in Abbildung 2.9 dargestellt. Jedes der dargestellten Felder ist ein Byte lang und repräsentiert die in der Tabelle 2.4 beschriebenen Werte.

Eine Response-APDU besteht nur aus zwei abschließenden Statusworten (Bytes) und einer möglichen Datenmenge als Antwort.

2.4.3 Inter-Integrated Circuit (I2C)

Eine Möglichkeit, um mit Chipkarten, insbesondere Speicherkarten, zu kommunizieren, ist das Inter-Integrated Circuit (kurz: IIC, I2C oder I^2C) Protokoll. [Sem14] Dieses einfache Protokoll

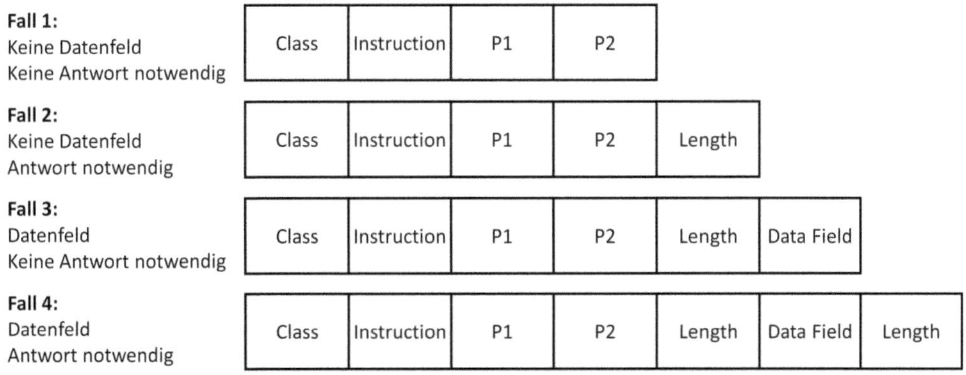

Abbildung 2.9: Aufbau und Auswirkungen der möglichen Command-APDU Befehlssätze

für zwei-Leitungen, dem Takt und der Datenleitung, ermöglicht es, einen BUS aufzubauen, der sowohl lesende wie schreibende Operationen zulässt.

2.4.4 USB und HID

Mit Eingabegeräten (engl.: Human Interface Devices, kurz: HID) [usb01] werden Geräte bezeichnet, die verwendet werden, damit ein Mensch Daten in den Computer eingeben kann. Die bekanntesten dabei sind Tastatur, Maus und Zeichenstifte. Heutzutage werden diese Geräte üblicherweise per Universal Serial Bus (kurz: USB) an den Computer angeschlossen. Damit der Computer die Geräte als HID erkennt, geben diese sich als solche per Device ID zu erkennen.

2.4.5 Mikrocontroller

Der Mikrocontroller (engl.: Micro-Controller Unit, kurz: MCU) ist ein variabel programmierbarer Chip. Er ist meist nicht so leistungsstark wie ein Standardprozessor für Arbeitsplatzrechner und Server (General Purpose Prozessor), weist dafür aber eine geringere elektrische Leisungsaufnahme auf und ist günstiger in der Anschaffung. Zudem sind bei einem MCU wichtige Bestandteile wie RAM, ROM und I/O's direkt in der MCU verbaut. Bei CPUs werden diese über einen BUS angesprochen und liegen außerhalb des Chips [Her18]. Dies ist in Abbildung 2.11 dargestellt. MCUs werden häufig für eingebettete Systeme verwendet.
Häufig sind diese MCUs bereits mit Controllern für bestimmte I/O's ausgestattet, wie zum Beispiel USB-Controller.

2.4.6 Field Programmable Gate Arrays

Die Field Programmable Gate Arrays (kurz: FPGA) sind Schaltkreise, in denen eine logische Schaltung geladen werden kann. Dafür werden nicht, wie bei MCUs üblich, Programme geladen, sondern Konfigurationen für Schaltungsstrukturen. Diese werden in einer Hardwarebeschreibungssprache formuliert und anschließend konfiguriert. Soll der FPGA mehrfach konfi-

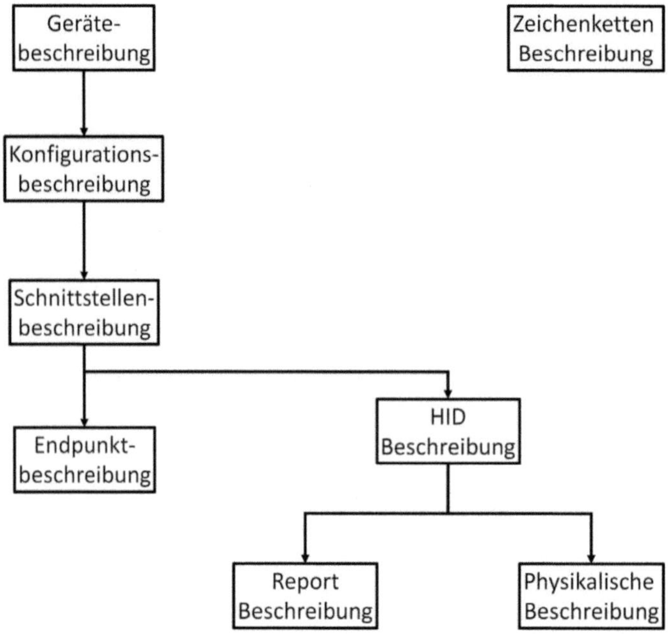

Abbildung 2.10: USB HID Beschreibungsstruktur nach [usb01]

guriert werden können, so wird ein externer Speicher benötigt, der beim Starten des Systems den FPGA dynamisch konfiguriert.

Diese Konfigurationen für FPGAs werden hauptsächlich in Verilog Hardware Description Language (kurz: Verilog) und Very High Speed Integrated Circuit Hardware Description Language (kurz: VHDL) entworfen und synthetisiert. Aufgrund der grundlegend anderen Funktionsweise von FPGAs im Vergleich zu anderen Prozessoren, sind diese Entwürfe ebenfalls unterschiedlich zu den herkömmlichen Programmiersprachen. So werden in Verilog und VHDL alle Prozeduren echt parallel zum Takt ausgeführt.

Der FPGA-Chip besteht dazu hauptsächlich aus Basisblöcken mit jeweils einer programmierbaren Lookup-Table (kurz: LUT) und einem bzw. mehreren 1-Bit Registern.

Der FPGA bietet den Vorteil, dass die Schaltungen echt parallel ausgeführt werden können und einen vorhersagbaren zeitlichen Ablauf haben.

Digilent Atlys

Für die Prototypenentwicklung der End-to-Display-Verschlüsselung wurde das Digilent Atlys Entwicklungsboard verwendet. Dieses ist in Abbildung 2.12a dargestellt. Der Vorteil dieses Entwicklungsboards ist, dass es bereits über HDMI-Ein- und -Ausgänge verfügt. Das Atlys verfügt über einen Spartan-6 LX45 FPGA von Xilinx. Dieser hat 6.822 Slices mit jeweils vier

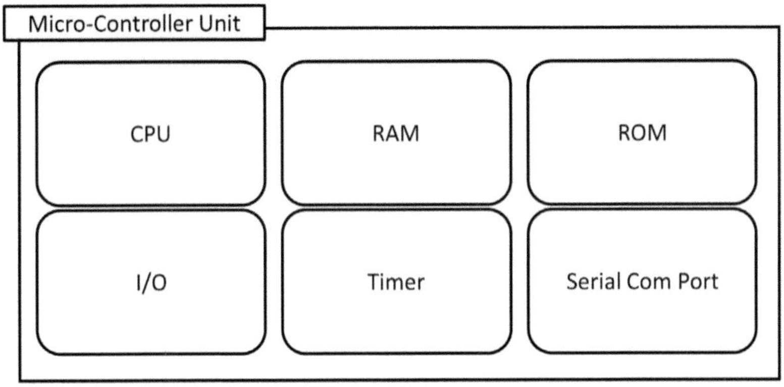

(a) Micro-Controller Unit

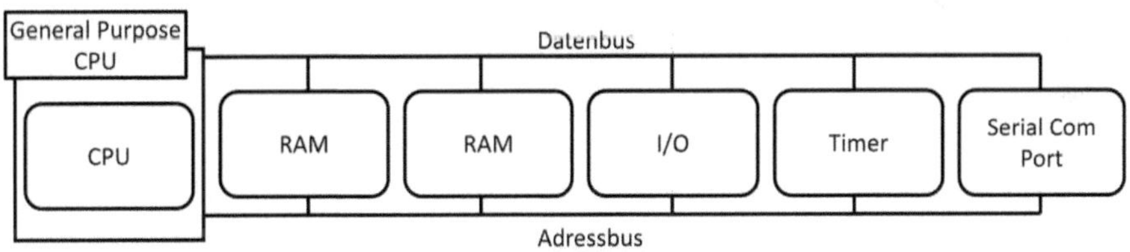

(b) General Purpose CPU

Abbildung 2.11: Vergleich von MCU und CPU

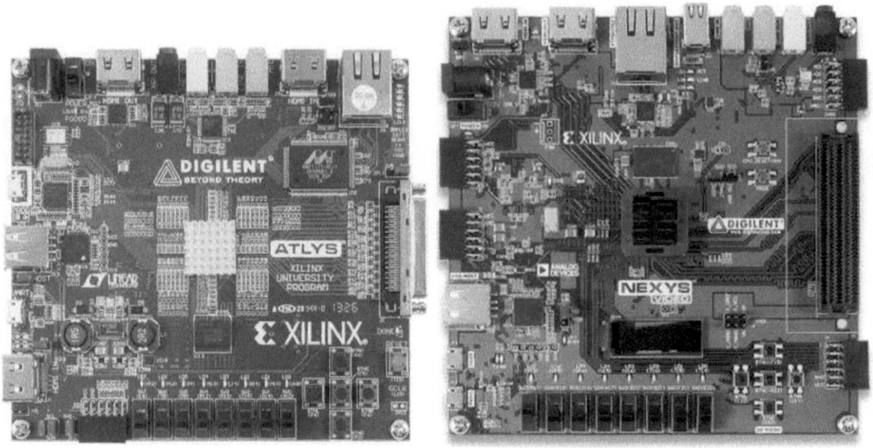

(a) Digilent Atlys Spartan-6

(b) Digilent Nexys Video Artix-7

Abbildung 2.12: Digilent FPGA Entwicklungsboards

6-Eingabe LUTs und acht Flip-Flops.[9] [10]

Digilent Nexys Video

Als Nachfolger des Digilent Atlys wurde im September 2015 das Digilent Nexys Video vorgestellt. Dieses ist in Abbildung 2.12b dargestellt. Dieses verfügt weiterhin über HDMI-Ein- und -Ausgänge, hat jedoch einen Xilinx Artix-7 FPGA (XC7A200T-1SBG484C). Dieser ist mit 33.650 logischen Slices, jeweils mit vier 6-Eingangs LUTs und acht Flip-Flops, größer als der FPGA des Vorgängerboards.[11] [12]

2.4.7 Custom Chip

Eine anwendungsspezifische integrierte Schaltung (engl.: application-specific integrated circuit, kurz: ASIC) ist der klassische Chip, der für eine spezifische Funktion entwickelt und produziert wird. Hierfür wird ebenfalls die in Abschnitt 2.4.6 beschriebenen Entwurfssprachen verwendet. Der Vorteil eines ASIC im Vergleich zum FPGA ist vor allem in den niedrigeren Kosten bei der Produktion in hoher Stückzahl zu sehen. Durch die Komplexität der Entwicklung und der hohen Kosten für kleine Stückzahlen von ASICs sind FPGAs bei kleineren Stückzahlen und bei der Prototypenentwicklung weiter verbreitet.

[9] http://www.xilinx.com/products/silicon-devices/fpga/spartan-6.html

[10] https://store.digilentinc.com/atlys-spartan-6-fpga-trainer-board-limited-time-see-nexys-video/

[11] http://www.xilinx.com/products/silicon-devices/fpga/artix-7.html

[12] https://store.digilentinc.com/nexys-video-artix-7-fpga-trainer-board-for-multimedia-applications/

3 Stand der Forschung

Es finden sich einige Forschungsarbeiten, Patente und Techniken, die sich die Frage nach einem effektiven Schutz vor Industriespionage stellen. Diese bestehen zum großen Teil aus Arbeiten, die versuchen den Täter und die Methode des Diebstahls ausfindig zu machen.
Ein Teil dieser Arbeiten wird in diesem Kapitel vorgestellt. Begonnen wird hier mit verschiedenen Verschlüsselungsmethoden, auch mit solchen die auf Pixelebene agieren, sowie mit Techniken zum Schutz vor Angreifern.

3.1 Kanalverschlüsselung/E2EE und TLS

Die Kanalverschlüsselung, auch Ende-zu-Ende-Verschlüsselung (engl.: End-to-End Encryption, kurz: E2EE) genannt, ist eine Verschlüsselung, bei der alle Daten, die übertragen werden, nur vom Sender und Empfänger gelesen werden können.
Ein bekanntes Beispiel einer E2EE ist die Transportverschlüsselung Transport Layer Security (kurz: TLS)[DR08], die früher als Secure Sockets Layer (kurz: SSL) bezeichnet wurde.
Bei SSL/TSL wird beim Aufbau der Verbindung von einem Klienten zum Server serverseitig ein Zertifikat bereitgestellt. Dieses kann der Klient dazu verwenden, die Vertrauenswürdigkeit und Abstammung (Hostname) zu überprüfen. Anschließend werden Schlüssel ausgetauscht, entweder durch den Diffie-Hellman-Schlüsselaustausch (siehe Abschnitt 2.1.6) oder durch einen mit dem öffentlichen Schlüssel des Servers verschlüsselten Zufallswert des Klienten.
Dieser Ansatz ist in der heutigen Kommunikation weit verbreitet, sei es beim Versenden von E-Mails oder Surfen im Web. Er schützt die Daten jedoch nur bei der Übertragung. Sind die Daten beim Empfänger angekommen, so sind sie auf dem Rechner unverschlüsselt und können dort abgehört werden. Dies wird unter anderem in den Gesetzen zur Quellen-Telekommunikationsüberwachung (kurz: Quellen-TKÜ), § 51 Abs. 2 BKAG [bka18] und § 100b StPO [Ges18] sowie weiteren Landesgesetzen deutlich, wo ein Eindringen in den Rechner eines Verdächtigen als Mittel zur Umgehung der Transportverschlüsselung vorgesehen ist.

3.2 Information Hiding und Steganografie

Neben der Verschlüsselung von Informationen gibt es auch die Möglichkeit, Informationen zu verstecken. Information Hiding beschreibt die Methodik, Informationen in anderen Medien zu verstecken. So können in Audiodateien nicht hörbare Tonsignale eingebracht werden, die dem Menschen zwar nicht auffallen, jedoch technisch wahrnehmbar sind. Dies kann genutzt werden, um die Quelle von Musikpiraterie nachzuvollziehen.

Die bekanntesten Formen von Information Hiding sind Wasserzeichen und Steganografie. [CCCMK10] Während die genaue Trennung schwierig ist, kann man anhand des Zwecks die beiden Methoden unterscheiden. Während das Wasserzeichen eher zur Nachvollziehbarkeit der Herkunft verwendet wird, werden bei der Steganografie eher Nachrichten übermittelt. Bei der Steganografie werden Informationen in anderen Daten versteckt, ohne dass ein Dritter diese Informationen entdecken kann. In der digitalen Welt wird dies meist mit Bildern durchgeführt. Dabei soll das Bild, das zum Transport der Information verwendet wird, nicht als verändert wahrgenommen werden. Dafür werden zum Beispiel die Least-Significant Bits (kurz: LSB, zu deutsch: geringstwertigste Bit) [KM92] verwendet, um die Informationen zu transportieren. [Sch95]

Diese Ansätze bieten eine Möglichkeit, Daten versteckt zu übermitteln, sind jedoch nur für kleinere Datenmengen interessant und stellen in der aktuellen Kommunikationslandschaft einen Sonderfall dar, der nur in wenigen Bereichen Verwendung findet. Auch werden hier meist die Informationen per Software auf dem Rechner des Empfängers entschlüsselt, was wiederum keinen Schutz vor Ausspähung durch Trojaner bedeutet.

3.3 Visual Cryptography

Die Visuelle Kryptographie (Visual Cryptography), zuerst von Noar und Shamir 1998 veröffentlicht [NS95], ist ein Feld der Forschung, das sich damit beschäftigt, wie man ein Bild in mehrere überlagernde Einzelbilder unterteilt, so dass das Originalbild nur durch das Überlagern aller Einzelbilder sichtbar ist. Fehlt ein Einzelbild, so soll der Inhalt nicht ersichtlich sein. Dieser Ansatz ist vor allem durch die Komplexität der Bildzerlegung in solche Einzelbilder interessant. Für die Verwendung in IT-Systemen und der Kommunikation ist er jedoch weitgehend uninteressant.

3.4 Pixel-Domänen-Verschlüsselung

Die Funktionsweise der Pixel-Domänen-Verschlüsselung wurde bereits in Abschnitt 2.1.8 dargestellt. Sie ist für unsere Anwendung der End-to-Display-Verschlüsselung eine der zentralen Grundlagen.

Diese Technik wird von mehreren Arbeiten verwendet. Der dieser Arbeit am nächsten stehende Ansatz wird im folgenden Abschnitt dargestellt.

3.4.1 BLINK

Der Ansatz von Brief-Lifetime-Ink (kurz: BLINK) [CCC+09][ACWC09] von Atakli et al. von der Universität von Binghamton in New York setzt ähnlich wie die End-to-Display-Verschlüsselung darauf, dass die Daten auf dem Endgerät des Benutzers nie unverschlüsselt vorliegen. In den Veröffentlichungen des Teams wird die Implementierung ebenfalls mit einem FPGA umgesetzt. Der Fokus von BLINK ist jedoch nicht die Sicherheit des Inhaltes, sondern die Möglichkeit, Daten nur zeitlich begrenzt anzeigen zu lassen. Die Verschlüsselung ist nur rudimentär umgesetzt. Wird ein verschlüsseltes Bild erkannt, so wird dieses während

einer definierten Zeit, bzw. an einem bestimmten Datum, entschlüsselt. Danach kann der verwendete Schlüssel gelöscht werden, wodurch das Bild nicht noch einmal angezeigt werden kann.
Das Empfangsgerät verfügt über keine Möglichkeit, externe Daten einzulesen, weder durch Chipkarte, noch durch andere Schnittstellen. Es wird daher von den Entwicklern von BLINK nahegelegt, dass neue Schlüssel per Bild nachgeladen werden sollen. Diese neuen Schlüssel sind notwendig, da bei jeder Betrachtung eines verschlüsselten Bildes ein Schlüssel aus dem Speicher entfernt wird. Zudem soll auch die Benutzerauthentifizierung per Bild stattfinden. Diese Methodik birgt jedoch das Problem, dass Dritte, die Zugriff auf dem Rechner haben, diese Authentifikationsbilder auch abhorchen können.

3.4.2 Digital Video Guard

Der Digital Video Guard (kurz: DVG) des australischen Department of Defence – Science and Technology (kurz: DST) [1] ist ähnlich aufgebaut wie die bereits vorgestellte Technik. Im Patent vom 24. Dezember 2008 [BNYG08] stellen Beaumont et al. den DVG in weiteren technischen Details vor. Der Aufbau und Zweck entspricht der vorgestellten Arbeit mitsamt der Pixel-basierten-Verschlüsselung und einer nicht näher definierten Verschlüsselung für eine Tastatur. Weitere technische Details sind nicht zu finden. Zwar ist diese Technik im Grundsatz vergleichbar mit der vorgestellten Arbeit, die Art der Kompression und Verschlüsselung ist jedoch anders. Zumindest laut den erhältlichen Informationen dazu wird hier keine linienbasierte Verschlüsselung und dementsprechend keine Kompression verwendet.

3.4.3 Secure Window

Die Secure Window genannte Entwicklung von Borchert et al. an der Universität Tübingen, die im Patent vom 17. Dezember 2008 als „Verfahren und System zur bidirektionalen, abhör- und manipulationssicheren Übertragung von Informationen über ein Netzwerk sowie Dekodiereinheit“ [BFNR08] beschrieben wird, ist in der Priorität vor DVG anzusiedeln. Sie bildet den Ausgangspunkt für die hier dargestellte Entwicklung der E2DE Technologie und der EPiK Methode. Das Secure Window gab dabei die grundsätzliche Idee vor. Da hier noch keine Implementierung bestand, wurde diese erst im Rahmen der hier vorgestellten Arbeit konzeptioniert und umgesetzt.
In diesem Patent wird die Dekodiereinheit zwischen Computer und Monitor dargestellt, die durch eine Smartkarte mit einem privaten Schlüssel versorgt wird. Dieser wird zur Entschlüsselung des Bildschirminhaltes benötigt.

3.5 Kommerzielle Tools

Im Bereich der kommerziell erhältlichen Lösungen gibt es einige Ansätze, die sich dem Schutz der Daten vor Industriespionage annehmen. Im Folgenden werden die herausragen-

[1] `https://www.dst.defence.gov.au/innovation/digital-video-guard`

den Techniken zusammen mit deren Hauptanbietern vorgestellt. Darüber hinaus werden auch die Schwachstellen dieser Techniken dargestellt.

3.5.1 Terminalsoftware

Vor den Zeiten des Desktop-Computers waren Terminals meist die einzige Möglichkeit für Benutzer, auf leistungsstarke Rechner zuzugreifen. Terminals sind hierbei eigentlich nur eine Wiedergabe der Anzeige und Steuerung des Zentralrechners. Dafür brauchen sie selbst wenig Rechenleistung. Sie empfangen Darstellungsinformationen vom Zentralrechner und senden Tastatureingaben zurück zum Zentralrechner, dieser verarbeitet die Eingaben und sendet eine neue Anzeige zurück zum Terminal.
In den Folgejahren und mit dem Aufstieg von Desktop Computern wurden Terminals immer häufiger durch diese ersetzt. Insbesondere die Übertragungsrate der Anzeigedaten stellte für viele Anwendungen ein Problem dar.
Heutzutage werden Terminals immer häufiger aus Sicherheitsgründen eingesetzt. Der Vorteil liegt in der zentralen Datenhaltung auf Rechnern von z.B. Unternehmen. Der Zugriff per Terminal ermöglicht gleichzeitig einen Zugriff von überall auf der Welt und ist dank schnellem Internet auch weitgehend benutzerfreundlich.
Die Daten sind zentral gesichert und sind nicht von Verlust von Hardware betroffen. Neben dem zentral administrierten Backup können auch Zugriffsrechte leichter überwacht und geschützt werden.
Leider schützen Terminalsysteme nicht davor, dass der zugreifende Benutzer ein Bildschirmfoto von den Daten machen kann.
Als Standard für Terminalanwendungen in der Industrie hat sich das Remote-Desktop Protokoll (kurz: RDP) von Microsoft durchgesetzt. Dieses ist Teil von Microsoft Windows.
Ein Zugriff auf ein Terminal kann heutzutage von einem Desktop-Computer erfolgen oder von sogenannten Thin Clients, kostengünstige und weniger leistungsstarke Mini-Computer, die ausreichen, um per RDP zu arbeiten. Trotz ihrer spezialisierten Aufgabe sind auch Thin Clients nicht 100% vor Angriffen geschützt, wie ein Whitepaper der NCC Corp Inc. [VH09] zeigte.
Die dargestellten Benutzeroberflächen werden hierbei durch Virtualisierung erzeugt.

3.5.2 Virtualisierung

Virtualisierung spiegelt die Idee wieder, dass ein Computer einen anderen Computer simulieren kann. Vorteile einer solchen Architektur bestehen darin, dass ein Absturz einer virtuellen

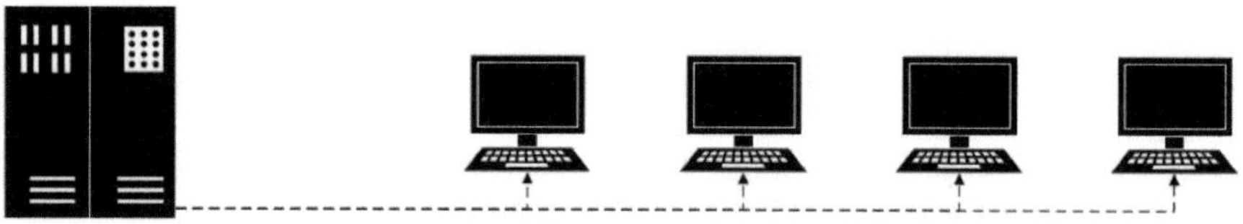

Abbildung 3.1: Schema von Terminal Computern

Maschine nicht den Absturz des gesamten Computers verursacht. Die Daten sind gekapselt auf der virtuellen Maschine und können als Einheit betrachtet und behandelt werden. Der Aufbau eines sogenannten Virtual Machine Monitor (kurz: VMM) ist in Abbildung 3.2 dargestellt. Freie Rechenkapazitäten können zwischen mehreren virtuellen Maschinen durch die Hostmaschine verteilt werden, um so eine optimale Auslastung zu erreichen. [CN01]

Unter dem Sicherheitsaspekt ist der besondere Vorteil, dass virtuelle Maschinen durch ihre gekapselte Architektur einem Angreifer Grenzen setzen können. Ein Angreifer, der eine virtuelle Maschine übernimmt, erhält dadurch nicht vollständigen Zugriff auf den Host-Rechner. Dadurch besteht auch nicht die Gefahr, dass der Angreifer auf weitere virtuelle Maschinen auf dem gleichen Host durchgreifen kann. All dies wäre möglich, würden die Programme anstatt in virtuellen Maschinen direkt auf einem Host ausgeführt.

Neben diesen Vorteilen ergeben sich weitere Vorteile in der Verwaltung von virtuellen Maschinen. Virtuelle Maschinen können problemlos erstellt, kopiert und gelöscht werden. Benutzer können dank speziellen Verwaltungsprogrammen leicht angelegt und verwaltet werden. Diese Verwaltungsprogramme werden aktuell hauptsächlich von zwei Firmen angeboten.

Der Markt wird aktuell von Citrix dominiert, gefolgt von VMWare. Auch im deutschen Markt hat sich Citrix weitgehend durchgesetzt. [Che16]

Citrix verwendet die gleichen virtuellen Kanäle, die das RDP verwendet. Es bietet darüber hinaus Verwaltungsoptionen, um ein besseres Rechte- und Zugriffsmanagement zu ermöglichen. Virtuelle Maschinen bieten also die Möglichkeit, ein höheres Maß an Sicherheit zu gewährleisten als Standardinstallationen. Dies benötigt jedoch auch ein höheres Maß an Administration und Wissen seitens der Administratoren.

3.5.3 Digitales Rechtemanagement

Meist werden Videosignale zum Zweck des Kopierschutzes eingesetzt. Diese werden auch eingesetzt, um damit Daten vor Industriespionage zu schützen, das sogenannte Digitale Rechtemanagement (engl.: Digital Rights Management, kurz: DRM). Dieses gibt es in verschiedensten Ausführungen. Die meisten dieser Systeme haben jedoch gemein, dass sie Dateien mit Attributen versehen, die angeben wer die Datei lesen oder bearbeiten darf. Es gibt Ansät-

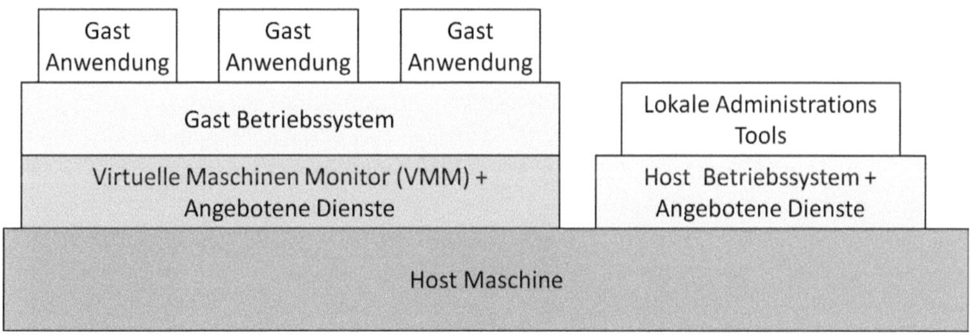

Abbildung 3.2: Aufbau virtueller Maschinen, nach [CN01]

ze, die die Datei verschlüsseln. Andere verschlüsseln nicht, sondern blocken programmbasiert den Zugriff auf die Datei selbst. Meist wird für den Zugriff ein spezielles Programm oder ein Plugin benötigt.
Zu nennen sind hier Produkte der Firma Fasoo [2], insbesondere das Enterprise DRM. Hier werden Dateien getrackt, mit Wasserzeichen versehen und durch spezielle Software versucht, Screenshots und Ausdrucke zu verhindern. Dies bedeutet jedoch einen tiefen Eingriff auf Softwareebene, der allerdings auch ebenso umgangen werden kann.

3.5.4 Zugangsberechtigungssysteme für digitales Fernsehen

Eine spezielle Art eines DRM Systems, das weite Verbreitung erfährt, ist die Absicherung digitaler Fernsehübertragungen und von Pay-TV Angeboten mittels des Common-Scrambling-Algorithmus (kurz: CSA). Dieser Algorithmus wurde 1994 vom Digital Video Broadcasting (kurz: DVB)-Konsortium beim European Telecommunications Standards Institute (kurz: ETSI) angemeldet und in einem technischen Report 289 [EJ96] im Jahr 1996 veröffentlicht. Weitere Details wurden hauptsächlich durch Reverse Engineering und Angriffe gegen diese Systeme bekannt, wie sie zum Beispiel im Bericht von Weinmann und Wirt [WW04] dargestellt sind.
Der CSA ist für alle Implementierungen gleich, sie unterscheiden sich jedoch in der Quelle des „control words“, das verwendet wird um die Entschlüsselung durchzuführen. Die Quelle des „control words“ ist der Conditional Access Mechanism (kurz: CAM), welcher sich in den Implementierungen je nach Sendeanstalt und Anbieter unterscheiden. Da die CSA jedoch immer gleich ist, kann diese unabhängig vom CAM betrachtet und attackiert werden. Diese Angriffe sind unter anderem dokumentiert bei Weinmann et al. [WW04] und Tews et al. [TWW12].
Die hier gezeigten Angriffe sind eine Schwäche des grundlegenden CSA, die dazu führt, dass auch nach bekannten Angriffen das System nicht kurzfristig gesichert werden kann. Der neue CSA v3 Standard wurde 2011 als technischer Report veröffentlicht [EJ11]. Er soll die Fehler von CSA durch die Verwendung eines 128 Bit AES und des „eXtended emulation Resistant Cipher“ (kurz: XRC), einem CSA-spezifischen und nicht offengelegten Verschlüsselungsalgorithmus, beheben. Dieser konnte sich auf dem Markt noch nicht gegen den weiterhin weit verbreiteten CSA durchsetzen.

3.5.5 HDCP

Ein weitverbreitetes DRM-System ist die High-Definition-Copyright Protection (kurz: HDCP) [hdc09]. Sie funktioniert ähnlich wie die End-to-Display-Verschlüsselung, indem hier die Inhaltsdaten auf Pixel-Ebene verschlüsselt werden. Jedoch findet diese Verschlüsselung auf dem gesamten Bild statt, nicht nur auf Ausschnitten. Zudem werden auch Audiodaten verschlüsselt, sofern vorhanden. Damit die Systeme sich untereinander vertrauen können, werden die Systemen mit Masterschlüssel und Zertifikaten aus einem “geheimen” Pool von Schlüsseln initialisiert. Dieser Pool muss dann auch in der Hard- und Software gespeichert sein, damit die Daten entschlüsselt werden können.

[2] http://en.fasoo.com/

Die Kommunikation zwischen dem HDCP-Sender und -Empfänger findet über den Display Datenkanal (engl: Display Data Channel, kurz: DDC) des HDMI Standards statt, also außerhalb des Bildes selbst.
Diese Schlüsselkommunikation wird regelmäßig geknackt [LG11], wodurch der Kopierschutz leicht umgangen werden kann. Da die Masterschlüssel und Zertifikate teilweise auch fest in Hardware einprogrammiert sind, können sie nicht einfach geändert werden, wenn ein weiterer Schlüssel bekannt wurde.
Zudem ist das System so aufgebaut, dass es versucht, nicht-lizenzierte Geräte davon abzuhalten, bestimmte Inhalte lesen zu können. Es ist nicht dafür vorgesehen, dass es den Benutzer oder Besitzer authentifiziert.
Dies wird insbesondere durch die Einführung von HDCP Version 2.2 [hdc13] 2013 und 2.3 [hdc18] 2018 zum Problem, da hier keine Rückwärtskompatibilität zu älteren HDCP Versionen gegeben ist. Sollte ein Gerät der Wiedergabekette nicht den geforderten Standard unterstützen, wird kein Inhalt angezeigt. Für HDCP 2.2 existieren Workaround Produkte um den Standard auf HDCP 1.4 herabzusetzen.[3]

3.5.6 W3C Encrypted Media Format und MPEG-CENC

Der neue HTML-5-Container der W3C für Encrypted Media[4] sorgte in letzter Zeit für intensive Diskussionen im W3-Konsortium. Hiermit wird es erstmals im HTML-Standard möglich, Daten mit einem Kopierschutz zu versehen. Laut Kritikern wird hierdurch die offene Kommunikation eingeschränkt[5].
Dieser Container ermöglicht es einem Content-Provider, eine Leseberechtigung abzufragen, um damit ein Content-Decryption Module anzusprechen und zu verwenden. Er dient bis dahin nur der Rechteabfrage als Protokoll.
In diesem Container kann dann z.B. MPEG-Common Encryption (kurz: MPEG-CENC) verwendet werden. Diese ist nach ISO 23001 [ISO16] standardisiert.
Dieses System wird vergleichbar sein mit HDCP aus Abschnitt 3.5.5, jedoch auf Softwareebene, nicht als Abspielhardware. Zudem kann durch die Kombination der beiden Systeme auch online eine Berechtigung abgefragt werden, so dass zum Beispiel Pay-per-View möglich wird.

3.5.7 Weitere Maßnahmen

Bei Datensicherheit in IT-Systemen denken die meisten Menschen zuerst an den klassischen Hackerangriff. Ein externer Benutzer versucht, sich Zugriff auf geschützte Bereiche zu verschaffen, um dort Daten zu manipulieren oder zu stehlen.
Diese Angriffe stellen auch die Mehrheit der Angriffe auf bestehende IT-Systeme dar. Als Verteidigungsmaßnahme werden von den meisten Firmen Firewalls installiert. [BM17] Diese Firewalls kontrollieren den Kommunikationsverkehr zwischen den internen Netzwerken und den externen Netzwerken der Unternehmen. Diese Firewalls sind meist fest konfiguriert und

[3] `http://www.hdfuryintegral.com/`
[4] `https://www.w3.org/TR/encrypted-media/`
[5] `https://www.eff.org/de/node/96477`

blockieren bestimmte Protokolle oder Anwendungen. Sollte ein Angreifer die Firewall überwinden, was je nach Fähigkeit des Administrators leichter oder schwerer ist, so hat der Angreifer relative Bewegungsfreiheit im attackierten Netzwerk. An dieser Stelle setzen Intrusion Detection Systeme (kurz: IDS) an, die anhand des Verhaltens eines Benutzers oder Programms versuchen, einen Eindringling zu erkennen. Verhält sich ein Benutzer auffällig, kopiert er zum Beispiel massenhaft Daten, die sonst nur selten und einzeln betrachtet werden, so kann das IDS Alarm schlagen und auch den Zugriff verhindern. Der Nachteil liegt darin, dass manche Programme insbesondere bei sogenannten Advanced Persistent Threat (kurz: APT)-Angriffen sich explizit sehr unauffällig verhalten. Bei diesen Angriffen werden mehrere Schadprogramme in Systemen hinterlegt, die nur sporadisch Daten sammeln und an den Angreifer liefern. Da diese Angriffe auf eine lange Zeit ausgelegt sind und über mehrere versteckte Ersatzangriffsprogramme verfügen, kann der Angreifer es sich erlauben, nur wenige Daten pro Übertragung zu erhalten. So ist es für ID Systeme sehr schwer einen Angreifer zu erkennen.
Antivirenprogramme sind hier zwar zum Teil hilfreich, können von diesen elaborierten Angriffen aber recht häufig umgangen werden. Zum einen sind diese maßgeschneiderten Angriffe (engl.: Tailored Access) hoch individualisierte Schadprogramme, die von signaturbasierten Antivirenprogrammen nicht entdeckt werden können. Darüber hinaus verschaffen sich diese Angreifer meist Zugriff auf Administratorebene. Auf diesem Niveau ist es ein Leichtes, den Virenschutz für die Zeit der Attacken abzuschalten.
Es gibt Antivirenprogramme, die auch verhaltensbasierte Viren erkennen und in Quarantäne verschieben können. Diese können zum Teil Angriffe eines unbekannten Angreifers erkennen. Hier verschwimmen die Grenzen von IDS und Antivirenprogrammen. Bei beiden gilt es jedoch zu bedenken, dass ein Angriff und eine Verhaltensweise bekannt sein müssen um diese als schädlich oder unbedenklich einstufen zu können.

3.6 Zusammenfassung des Standes der Forschung

Der Stand der Forschung zeigt Ansätze zur Bekämpfung der Industriespionage. Diese stellen jedoch meist die Lösung eines Teilproblems dar und lassen noch weitere Angriffsvektoren offen. Auch sind einige Ansätze nur Konzepte oder Patente, die eine konkrete technische Umsetzung vermissen lassen.
Ein umfassenderer Ansatz zur Bekämpfung der Industriespionage sollte folgende Ziele erfüllen, wenn man davon ausgeht, dass sowohl der Computer des Benutzers als auch der Benutzer selbst ein Sicherheitsrisiko sein können:

1. Der Zugriff darf nur durch autorisierte Benutzer erfolgen.
2. Die Übertragung sollte abhörsicher sein.
3. Die Daten sollten auch abhörsicher bearbeitet werden können.
4. Ein Klartext-Screenshot darf nicht möglich sein.
5. Eine als Bewegtbild-wahrnehmbare Bildrate soll erreicht werden können. [6]

[6] Die minimale Framerate, um Sprite-Animationen als Animationen wahrzunehmen, liegt bei 12 fps, dies soll hier der untere Grenzwert sein. [Tha08]

Die Übersicht der Ansätze, die auch technisch beschrieben sind, sind in Tabelle 3.1 aufgeführt und bewertet.

Abschlussvergleich					
	Zugriff nur für autorisierte Benutzer	**Abhör-sichere Übertragung**	**Abhör-sichere Bearbeitung**	**Verhinderung Klartext Screenshot**	**Bewegtbilder >12fps**
Wasserzeichen	×	×	×	×	✓
E2EE	○	✓	×	×	✓
DRM	✓	✓	×	○	✓
Citrix	✓	✓	×	×	✓
BLINK	×	✓	×	✓	×

Tabelle 3.1: Zusammenfassung des Standes der Forschung, ✓: möglich, ×: nicht möglich/nicht beschrieben, ○: implementierungsabhängig

Die vier Kriterien sind in drei Stufen bewertet:

✓ Umsetzung ist vorhanden.

× Die Umsetzung ist nicht möglich, nicht beschrieben oder nicht vorgesehen.

○ Die Umsetzung ist abhängig von der Implementierung.

Das Wasserzeichen hat wie beschrieben keinen Einfluss auf die Authentifizierung des Benutzers und unterstützt per se auch keine sichere Übertragung. Eine Bearbeitung führt in vielen Fällen sogar eher zum Verlust des Wasserzeichens. Ferner ist ein Screenshot uneingeschränkt möglich. Dies ist auch für Bewegtbilder problemlos möglich.

Die Ende-zu-Ende-Verschlüsselung kann je nach Implementierung dazu verwendet werden den Benutzer zu authentifizieren. Manche Implementierungen, wie z.B. TLS, stellen dies jedoch nicht sicher, sondern schützen nur den Übertragungsweg. Da die Daten auf dem Endgerät entschlüsselt vorliegen, ist eine Bearbeitung durch einen lokalen Keylogger abhörbar und nicht gegen Screenshots geschützt. Die Ende-zu-Ende-Verschlüsselung wird auch zur Verschlüsselung von Bewegtbildern verwendet.

DRM-Systeme sind stark darauf ausgelegt, dass Informationen für zugelassene Benutzer diesem zugänglich sind. Sie sind aber nur selten dafür gedacht auch das Bearbeiten der Informationen zu ermöglichen und auch der Schutz vor Screenshots ist nur bedingt vorhanden. DRM-Systeme sind eine klassische Anwendung in der Sicherung von Bewegtbildern.

Remote-Desktop- und Virtualisierungslösungen wie Citrix Virtual Desktops sind ein guter Weg, um mithilfe einer E2EE Daten auszulagern und sicher zu übertragen. Es können auch Änderungen vorgenommen werden, jedoch kann auch dieses System nicht vor Screenshots und Keyloggern schützen. Auch eine flüssige Übertragung der Daten ist hier durch verschiedene Techniken gewährleistet.

Der Ansatz von BLINK ist der einzige prüfbare Ansatz, der einen effektivem Schutz vor einem Screenshot bietet. Leider ist das Schlüsselmanagement und die Verschlüsselung nur unzureichend umgesetzt, der Fokus liegt hier auf dem zeitlichen Zugriff auf die Daten, weniger auf der Sicherung der Daten als solche. Auch lassen sich Eingaben damit nur rudimentär vor dem Abhören schützen. Und es sind keine Ergebnisse verfügbar, die darauf hinweisen, dass eine schnelle Verschlüsselung von Bewegbildern möglich ist.

4 Konzeption der End-to-Display-Verschlüsselung und der Effizienten Pixel Kompression

Wie in Kapitel 1 dargestellt, ist das Ziel dieser Arbeit, die Industriespionage bestmöglich zu verhindern. Die Besonderheit dieser Arbeit liegt in der grundsätzlichen Annahme, dass auch der autorisierte Benutzer eines Systems nicht als vertrauenswürdig angesehen werden darf. Das stellt die Dienstanbieter vor ein Problem. Zum einen muss ein autorisierter Benutzer auf die Daten zugreifen können, um seine Aufgaben zu erledigen. Zum anderen darf der Benutzer aber keine Möglichkeit haben, die Daten zu entwenden, sei es um diese für sich zu sichern oder an Dritte weiterzugeben. Hinzu kommt die Annahme, dass der Benutzerrechner Sicherheitslücken aufweisen kann, so dass dieser keine vertrauenswürdige Instanz darstellen kann. Dieser kann sowohl auf Software-, wie auch auf Hardwareebene Schadprogramme ausführen, die Daten entwenden oder manipulieren können. So sind einige Angriffsszenarien bekannt, in denen Hardware manipuliert werden konnte, um Daten zu stehlen. [LKG+09][CSPN13][MSKGB14][TK10]
Daraus ergeben sich verschiedene Angreifermodelle.

- Ein Angreifer kann jeder sein, der Zugang zum physikalischen Computer hat, zum Beispiel zur Anbringung eines Keyloggers. Dies schließt auch die Benutzer des Computers ein.

- Angreifer die über externe Schnittstellen Zugriff auf den Computer erlangen können. Sei es durch Trojaner oder unzureichend geschütze Monitoring Tools.

- Auch ein Angriff auf die Kommunikation zwischen Computer und Server ist, insbesondere für Geheimdienste, möglich.

Ausgenommen sind solche Angreifer die sich Zugang zum zentralen Server verschaffen können, da hier die Daten weiterhin unverschlüsselt vorhanden sind. Zudem sind visuelle Angriffe, zum Beispiel durch Videoüberwachung, ausgenommen.
Die Annahmen dieser Arbeit legen daher nahe, dass sowohl der Benutzer als auch der Computer des Benutzers sowie die Kommunikationsstrecke vom Benutzer zum zentralen Rechensystem als unsicher anzusehen sind. Diese dürfen daher keinen direkten Zugriff auf unverschlüsselte Daten erhalten.
Diese Prämisse lässt nur einen Lösung zu: die übertragenen Daten werden nur zur Ansicht entschlüsselt. Die Daten dürfen nur gelesen und bearbeitet werden, jedoch nicht als unverschlüsselte Rohdaten vorliegen, die entwendet werden können.

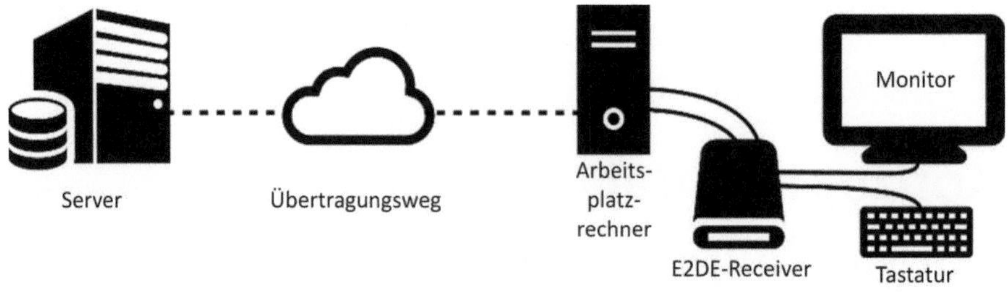

Abbildung 4.1: Darstellung der Topologie mit E2DE und KeySAR

Daher werden die Daten von einem als sicher angesehenen Zentralsystem auf Pixel-Ebene verschlüsselt. Diese verschlüsselten Daten werden nun an den Empfänger versendet. Auf dem Empfängergerät werden diese Daten in verschlüsselter Form auf das Ausgabegerät, den Monitor, gesendet. An dieser Verbindung zwischen Empfänger und Ausgabegerät setzt die End-to-Display-Verschlüsselung an.
Eine zwischengeschaltete Hardware erkennt im Grafiksignal verschlüsselte Bereiche und entschlüsselt diese für die Darstellung. Ein schematischer Aufbau ist in Abbildung 4.1 dargestellt. Er umfasst den vertrauenswürdigen, sicheren Server auf der linken Seite, den Übertragungsweg zum nicht-vertrauenswürdigen Computer des Benutzers, den E2DE-Receiver mit dem jeweils daran angeschlossenen Monitor und die Tastatur.
Die Position der Entschlüsselungshardware bietet hier ein besonderes Niveau der Sicherheit, da sie außerhalb der Reichweite einer Software liegt. Der Benutzer erhält auf dem Monitor eine entschlüsselte Darstellung. Mit dieser ist es ihm möglich, auch vertrauliche Daten zu lesen und zu bearbeiten.
Soll der Benutzer die vertraulichen Daten nicht nur lesen, sondern auch bearbeiten können, sind zwei weitere Einschränkungen zu treffen. Zum einen muss ein gesicherterter und vertrauenswürdiger Server Eingaben des Benutzers verarbeiten können und diese auch wieder in verschlüsselter Form darstellen. Zum anderen ist auch die Eingabe auf dem nicht-vertrauenswürdigen Endgerät gegen Hard- und Software-Keylogger zu schützen. Eingaben des Benutzers müssen also wiederum vor der Übertragung zum Computer verschlüsselt werden und dürfen erst vom vertrauenswürdigen Zentralsystem entschlüsselbar sein. Dies ermöglicht die Erweiterung des E2DE Systems KeySAR. Sie verschlüsselt die Tastatureingaben vor der Übertragung zum Server in Abhängigkeit zu den gesendeten verschlüsselten Grafikinhalten.
Zusammengefasst lassen sich die folgenden wichtigsten Kernkonzepte dieser Arbeit wie folgt zusammenfassen:

1. Daten werden von einem vertrauenswürdigen Zentralsystem gesendet.
2. Beim Versenden werden diese Daten auf Pixelebene, also in der Darstellung, verschlüsselt.
3. Diese verschlüsselte Darstellung kann von jedem Computer ohne spezielle Softwareerweiterung dargestellt werden.

4. Diese Darstellung wird erst zwischen dem Empfangsgerät und dem Darstellungsgerät entschlüsselt.

5. Es darf kein Zugriff des Empfangsgeräts auf die entschlüsselten Darstellungen möglich sein.

6. Eingaben des Benutzers werden in Abhängigkeit zur verschlüsselten Übertragung vor dem Empfangsgerät des Benutzers verschlüsselt.

7. Die verschlüsselten Eingaben des Benutzers können vom Zentralsystem entschlüsselt werden.

4.1 Einfache End-to-Display-Verschlüsselung

Wenn auf der Darstellungsebene verschlüsselt wird, so bedeutet dies, dass sich die Dimensionen der Darstellung nicht ändern. Nicht die Gesamtheit der Daten wird verschlüsselt, sondern nur der dargestellte Inhalt. Bei einem Bild bedeutet dies, dass die Rot-, Grün- und Blauwerte (kurz: RGB) eines Bildpunktes (Pixel) selbst verschlüsselt werden. Sie sind weiterhin als Pixel zu erkennen und darstellbar. Jedoch nimmt ein Pixel durch die Verschlüsselung nun einen pseudo-zufälligen Farbwert an, wie in Abbildung 4.2 dargestellt. Hier ist in Abbildung 4.2a das unverschlüsslte Ausgangsbild und in Abbildung 4.2b das Ergebnis der Verschlüsselung dargestellt. Handelt es sich um andere Inhalte, wie z.B. die Ansicht einer Textverarbeitung, so muss diese erst in eine Pixelgrafik umgewandelt werden. Dies kann zum Beispiel durch den Zugriff auf den Framebuffer (Screenshot) erfolgen.
Das Ergebnis dieser Verschlüsselung ist ein darstellbares Bild mit pseudo-zufälligen Farbwerten. Um diese zu entschlüsseln, benötigt der Empfänger Informationen über die Art der Verschlüsselung, wie die Größe des verschlüsselten Bereiches und die Schlüsselinformationen. Die Informationen können entweder fest vorgegeben und sowohl dem Sender als auch dem Empfänger dauerhaft bekannt sein, oder die Informationen sind Teil des übertragenen Bildes. Wie in Abbildung 4.3 dargestellt, werden diese Informationen in einer zusätzlichen Zeile dem verschlüsselten Bild vorangestellt. Die Kopfzeile wird mit schwarzen Pixeln auf die volle Breite des Bildes aufgefüllt.
Der Aufbau dieser Zeile ist in Abbildung 4.4 dargestellt. Die Kopfzeile beginnt mit vier Pixeln, die Rot-Grün-Grün-Blau darstellen. Dies ist der Marker der den Start des E2DE-Bildes anzeigt. Anschließend wird die Version wiedergegeben. Dies erfolgt durch eine Konvertierung der Werte in einen Farbwert. Dies ist im Fall der einfachen E2DE die Versionszahl `1`. Anschließend wird die Breite (`W`) und Höhe (`H`) angegeben. Die weiteren sechs Pixel werden für die Nonce (dem Initalwert für die AES-Verschlüsselung) genutzt, die zusammen mit dem AES-Schlüssel verwendet wird. Dieser AES-Schlüssel ist mit RSA verschlüsselt. In diesem Beispiel wird ein RSA-Schlüssel mit 512 Bits verwendet, der in 22 Pixeln kodiert werden kann. Das letzte Pixel in der Kopfzeile ist für den KeySAR-Schlüssel reserviert, sofern KeySAR verwendet wird. Wird KeySAR nicht verwendet, so bleibt das Pixel schwarz.
Anhand dieser Informationen kann der E2DE-Receiver zum einen erkennen in welchem Bereich die verschlüsselten Pixel vorliegen. Zum anderen kann er aus den Schlüsselinformationen

(a) Ausgangsbild **(b)** Mit E2DE Version 1 verschlüsselt

Abbildung 4.2: Beispiel der End-to-Display-Verschlüsselung

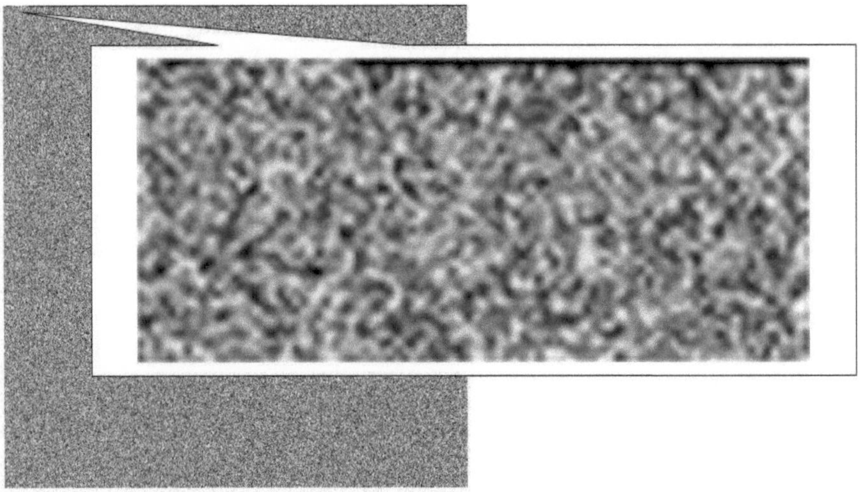

Abbildung 4.3: Zoom auf die Kopfzeile des E2DE verschlüsselten Bildes

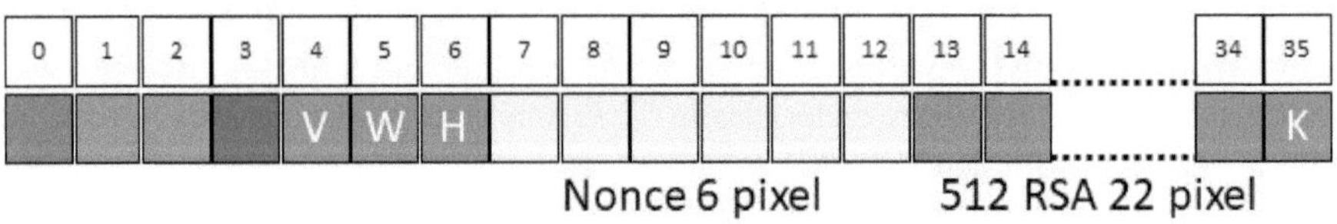

Abbildung 4.4: Aufbau der Kopfzeile der End-to-Display-Verschlüsselung für 512 Bits RSA Schlüssel

den aktuellen Schlüssel extrahieren, aus dem die Pixelmatrix errechnet werden kann, die die verschlüsselten Pixel wieder in die ursprünglichen Pixel entschlüsselt.
Zur Verschlüsselung wird ein hybrides Verschlüsselungsverfahren angewandt. In dieser Arbeit wurde die Kombination aus RSA und einem AES-CTR gewählt und implementiert. Diese Kombination wurde unter anderem gewählt, da sie bereits in anderen Verschlüsselungsprodukten verwendet wird, zum Beispiel bei der Email-Verschlüsselung PGP. Die in dieser Konzeption genannten Verschlüsselungen sind austauschbar, zum Beispiel durch Algorithmen die in eingebetteten Systemen effizienter implementiert werden können. RSA wird hier verwendet um den Sitzungsschlüssel für AES zu übertragen. Ein Grund für die Verwendung von RSA war die Verfügbarkeit von Smartkarten mit integrierter RSA Berechnung, die zudem weitläufig in industriellen PKI verwendet werden. Die Verwendung von AES wurde nicht zuletzt durch die Verfügbarkeit und offenen Lizenz des Algorithmus bedingt. Als Modus wurde der Counter-Modus (CTR) verwendet, da dieser robust ist gegen Störungen in vorangegangenen Blöcken, wie sie durch teilweise Überlagerung durch den Mauszeiger erfolgen können.
Diese Verfahren bestehen aus drei Schritten:

1. Verschlüsselung der Daten mittels eines symmetrischen Verschlüsselungsverfahrens, z.B. einer Verknüpfung mit exklusiven-Oder mit per AES generierten Zahlenreihen.

2. Verschlüsselung des Schlüssels der symmetrischen Verschlüsselung zur Übertragung zum Empfänger mittels einer asymmetrischen Verschlüsselung, z.B. RSA.

3. Erstellen der Headerinformationen.

Diese drei Schritte werden im Folgenden näher ausgeführt.

4.1.1 Schritt 1: Symmetrische Verschlüsselung

Die zu verschlüsselnden Inhalte sind im Falle der End-to-Display-Verschlüsselung die Pixeldaten der Datendarstellung. Sie bestehen aus einer Abfolge von RGB-Werten. Jeder dieser Werte wird von 8 Bits repräsentiert. Somit repräsentiert ein Pixel einen Farbwert durch 24 Bits. Um eine nicht trivial lösbare Verschlüsselung dieser RGB-Werte zu erreichen, hat sich das XOR-Verfahren als Standard etabliert, siehe Abschnitt 2.1.3 auf Seite 7. Diese Methode erzeugt sicherere Ciphertexte, sofern zur Verschlüsselung ein One-Time-Pad, also eine einmalig verwendete Zeichenkette, verwendet wird. Zur Erzeugung dieses One-Time-Pads werden Cryptoalgorithmen, wie das AES-Verfahren, verwendet. Diese Hashfunktionen erzeugen aus einem Schlüssel und Wertefolgen eine zufällig anmutende Zeichenkette. Diese Zeichenkette kann dann als One-Time-Pad verwendet werden, wenn für kein Zeichen vorhersehbare Wiederholungen auftreten werden. Um dies sicherzustellen, wird die Eingabe des Algorithmus bei jedem Durchgang verändert. In Abbildung 4.5 wird der Ablauf der Verschlüsselung dargestellt. Der 128 Bits AES-Schlüssel wird initialisiert und zusammen mit einer Nonce dem Generator zugeführt, der fortlaufend pseudo-zufällige Zeichenketten erzeugt. Nach jedem Durchlauf wird der Counter erhöht, so werden alle Blöcke anders. Die erzeugten Pseudo-Zufallszahlen werden mit den Pixelwerten ver-xort. Ein Pixel hat 3 Farbwerte à 8 Bits, daraus ergibt sich, dass 120 Bits an Pixeln auf einmal verarbeitet werden können. Die übrigen 8 Bits der pseudo-zufälligen Bitfolge werden verworfen.

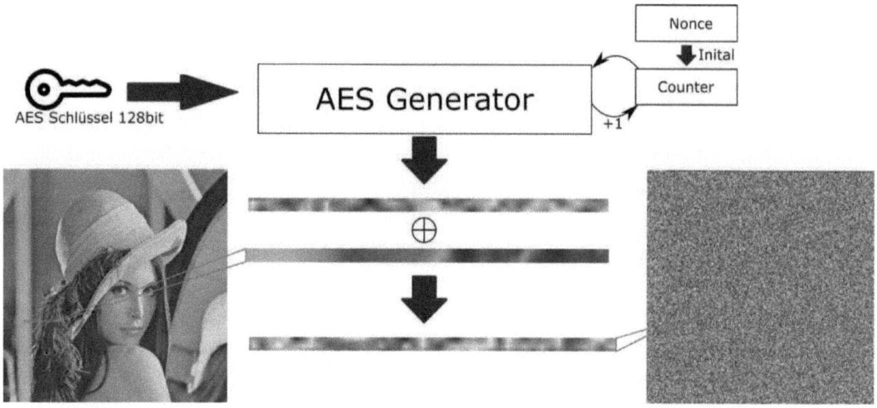

Abbildung 4.5: Ablauf der AES Verschlüsselung durch XOR.

Der hier verwendete Modus ist der Counter Modus (kurz: CTR) [DH79]. Dieser hat zwei Vorteile. Zum einen ist er unabhängig vom Ergebnis der vorherigen Ver-/Entschlüsselung. Denn eine solche Abhängigkeit könnte bei der Entschlüsselung im Grafikstrom zu Problemen führen, zum Beispiel wenn der Mauszeiger sich im verschlüsselten Bereich befindet. Zum anderen lässt er sich leichter parallelisieren, da jeder Abschnitt unabhängig von den vorherigen bearbeitet werden kann.

4.1.2 Schritt 2: Asymmetrische Verschlüsselung

Für die Entschlüsselung des Bildinhaltes benötigt der Empfänger den zur Verschlüsselung verwendeten Schlüssel. Mit diesem Schlüssel kann der Empfänger wiederum selbst die pseudozufällige Bitfolge erzeugen mit der er die Informationen in ihren Originalzustand transformieren kann. Um diesen Schlüssel zu übertragen, wird der RSA [RSA78]-Algorithmus verwendet. Dieses in Abschnitt 2.1.5 auf Seite 8 beschriebene Verfahren speichert den benötigten AES-Schlüssel und verschlüsselt diesen für einen Empfänger, dafür muss dessen öffentlicher Schlüssel bekannt sein. Der Empfänger kann anschließend mit seinem privaten Schlüssel die Mitteilung entschlüsseln und erhält so den AES-Schlüssel.

4.1.3 Schritt 3: Headerinformationen

Der in der Verschlüsselung erstellte Cyphertext mit den Schlüsselinformationen, die zur Entschlüsselung benötigt werden, müssen nun an den E2DE-Receiver übertragen werdenq. Dabei ist zu beachten, dass die Implementierung der Entschlüsselungshardware nur auf sichtbaren Bildinformationen arbeitet. Dementsprechend können die Informationen im Vergleich zu zum Beispiel HDCP [hdc09], beschrieben in Abschnitt 3.5.5 auf Seite 30, nicht über einen separaten Datenkanal gesendet werden. Dies liegt daran, dass so die Hardware auf Standardausgaben arbeiten kann und keine spezielle Software notwendig ist.
Die Informationen zur Entschlüsselung müssen also im sichtbaren Bild vorhanden sein. Dazu

Abbildung 4.6: Logo von E2DE, zugleich die Farbkodierung des Markers.

gehören neben den Schlüsselinformationen auch die Information, welche Dimensionen das Bild hat. Das verschlüsselte Bild ist Teil des aus dem Grafikausgang übermittelten Bildes. Daher kann die Hardware nicht ohne weiteres erkennen, welcher Teil nun verschlüsselt ist und welcher nicht. Deshalb wird neben den Schlüsselinformationen auch Höhe und Breite des verschlüsselten Inhaltes übermittelt. Andere Videoverschlüsselungen werden häufig auf dem gesamten Frame angewandt.
Um einen eindeutigen Startpunkt zu setzen, startet jedes mit End-to-Display-Verschlüsselung verschlüsselte Bild mit einer eindeutigen Farbfolge. Diese ist Rot-Grün-Grün-Blau (kurz: RGGB). Diese Farbkombination wurde gewählt, da diese selten zufällig auftritt. Die Farbkombination wurde als Farbmuster für das in Abbildung 4.6 dargestellte E2DE-Logo verwendet. Sie ist in Abbildung 4.4 als Teil der Kopfzeile dargestellt.
Die Verschlüsselung der Schlüsselinformationen erfolgt hier mit der asymmetrischen Verschlüsselung RSA [RSA78]. Die Schlüsselinformationen werden über einen auf der Hardware einprogrammierten privaten Schlüssel entschlüsselt. Der Sender der verschlüsselten Bilder benötigt hierfür den passenden öffentlichen Schlüssel.

4.1.4 Implementierung Version 1

Diese Version der Verschlüsselung wurde in Software implementiert und die Entschlüsselung in einer rekonfigurierbaren Hardware umgesetzt. Die Entschlüsselung findet hier zwischen dem Computer und dem Bildschirm statt. Das bedeutet im konkreten Fall, dass die enschlüsselnde Hardware über einen Grafiksignaleingang sowie -ausgang verfügen muss, dies ist in hier ein HDMI-Signal.
Die Hardware, die nun das durchgeleitete Signal verarbeitet, muss die folgenden Schritte für eine Entschlüsselung durchführen:

1. Solange keine verschlüsselten Daten erkannt werden, müssen die Daten unverändert durchleiten werden.
2. Wenn der E2DE-Marker, siehe Abschnitt 4.1.3, erkannt wird, müssen die Headerinformationen (Version, Höhe, Breite, Nonce) zwischengespeichert werden und der AES-Schlüssel aus dem RSA-verschlüsselten Schlüsselinformationen extrahiert werden.
3. Wenn der AES-Schlüssel vorhanden ist, so muss die Hardware an der Stelle, an der sich das Bild befindet, die Entschlüsselung durchführen. Diesen Bereich kennt die Hardware

aufgrund der Lage des E2DE-Markers und der im Header übertragenen Höhe und Breite. Diese Information gilt immer nur für einen Frame, da sich diese Position immer ändern kann.

Die Schwierigkeiten bei dieser Implementierung sind die Geschwindigkeitsanforderungen durch die Übertragungsgeschwindigkeit von HDMI. Die RSA-Entschlüsselung muss über mehrere Frames geschehen, da diese zu viel Zeit benötigt. Je nach Schlüssellänge und Hardware können dies mehrere Sekunden sein. Daher ist es auch nicht möglich, den im RSA-verschlüsselten Teil des Headers übertragenen AES-Schlüssel häufig zu ändern. Daher wird hier nur die unverschlüsselte Nonce regelmässig geändert. Diese kann für jeden Frame unterschiedlich sein.
Um das Ausgangssignal HDMI-konform zu halten, müssen die Pixel in der gleichen Frequenz und Reihenfolge die Hardware verlassen, in der sie auch in die Hardware gekommen sind. Daher werden die Pixel in den unverschlüsselten Bereichen um die Anzahl der Schritte verzögert, die die Verarbeitung des Headers und die Entschlüsselung maximal benötigen. Der Prozess der RSA-Entschlüsselung und der AES-Berechnung findet parallel zur Verarbeitung des Pixelstroms statt. So wird ein konstanter Fluss gewährleistet. Für die Vollbildversion ist daher nur eine Verzögerung von 4 Takten der Pixelclock notwendig.

4.1.5 Probleme der einfachen End-to-Display-Verschlüsselung

Die bisher vorgestellte Technik erlaubt es, Bilder als Ganzes zu verschlüsseln und diese darzustellen. Die Informationen zur Entschlüsselung sind hierbei in der ersten Zeile des Bildes gespeichert. Die Entschlüsselungshardware benötigt für die Entschlüsselung besagte Information im sichtbaren Bildschirmsignal. Ist nun die erste Zeile des verschlüsselten Bildes nicht sichtbar, zum Beispiel weil diese beim Scrollen außerhalb des sichtbaren Bildschirmbereiches geschoben wurde, wie in Abbildung 4.7 dargestellt, so findet die Entschlüsselungshardware keine Meta-Informationen und kann somit das Bild nicht entschlüsseln.
Zudem muss in dieser Implementierung bei einer Änderung eines Teilbereiches des Bildes das gesamte Bild erneut mit neuen Schlüsseln komplett verschlüsselt und übertragen werden. Denn werden nur Teile des Ausgangsbildes geändert und mit dem gleichen Schlüssel verschlüsselt, so kann ein Angreifer leicht durch Differenzbilder die Änderungen nachvollziehen. Dies ist in Abbildung 4.8 dargestellt. In dieser Darstellung wird in einem leeren Ausgangsbild der Text "ABCD" hinzugefügt. Beide Bilder werden mit den gleichen Schlüsseln verschlüsselt und übertragen. Der Angreifer kann nun durch ein Differenzbild den Text sichtbar machen. Bei einem Differenzbild werden nur Pixel dargestellt, die sich in beiden Bildern unterscheiden. Diese unterscheiden sich bei der Verschlüsselung mit gleichen Schlüsseln im Bereich der hinzugefügten Buchstaben. Der einzige Weg, dies zu verhindern, ist die Änderung der Schlüsseldaten, die jedoch auf das gesamte Bild angewandt werden muss, da die Schlüsseldaten immer für das gesamte Bild gültig sind. Dies erhöht den Schlüsselberechnungsaufwand und die zu übertragende Datenmenge.
Dadurch ist die bisherige Verschlüsselung nur für Einzelbilder geeignet und nicht für Streaminganwendungen wie zum Beispiel eine Terminalsitzung. Eine alternative Implementierung, die diese Probleme behandelt, wird im Abschnitt 4.2 und 4.3 vorgestellt.

Abbildung 4.7: Darstellung der Scrollproblematik. Ist der Header nicht sichtbar, so ist die Entschlüsselung nicht möglich.

Diese Konzeption wurde vom Autor [BPB15] veröffentlicht. Zuvor wurde das Konzept beim 5. Deutschen IT-Sicherheitspreis 2014 der Horst Görtz Stiftung[1] für die Endrunde nominiert.

[1] `http://www.horst-goertz.de/`

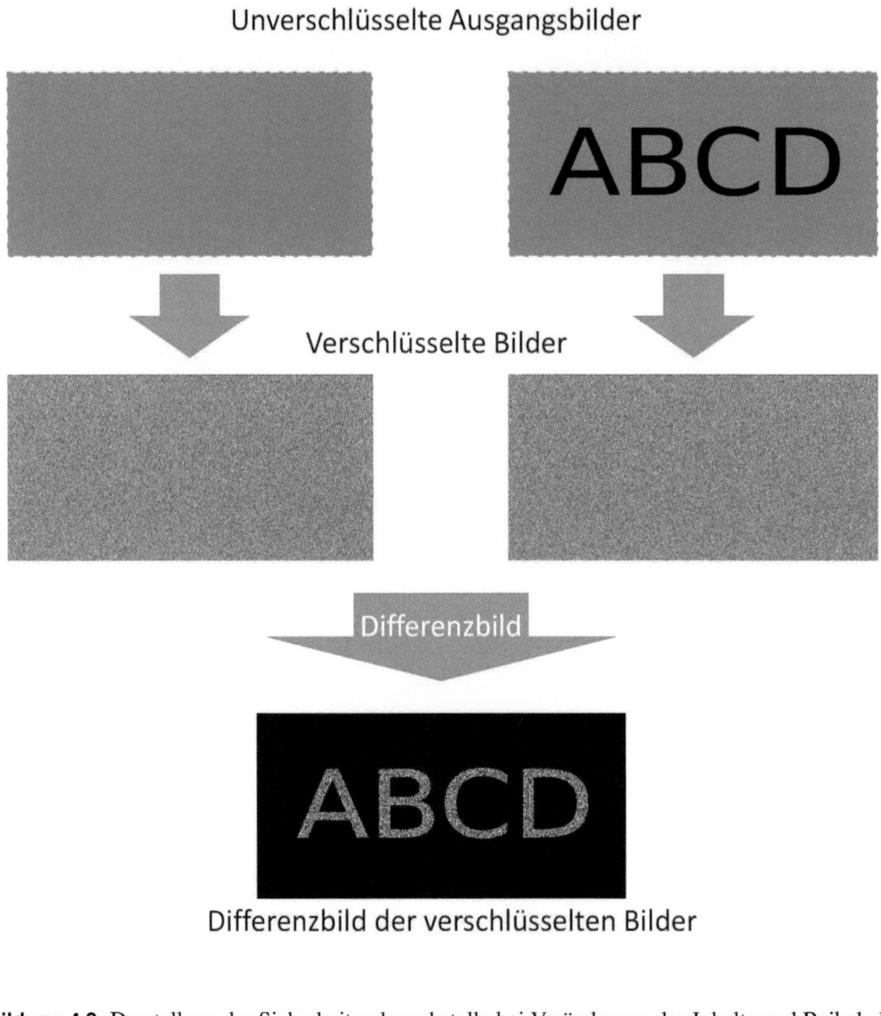

Abbildung 4.8: Darstellung der Sicherheitsschwachstelle bei Veränderung des Inhalts und Beibehaltung des Schlüssels. Oben: Unverschlüsselte Veränderung, Mitte: Verschlüsselte Darstellung mit gleichem Schlüssel, Unten: Differenzbild der verschlüsselten Bilder, wobei schwarze Pixel eine Gleichheit zwischen linkem und rechtem Bild darstellen.

4.2 Effiziente Pixel Kompression (EPiK) für eine linienbasierte End-to-Display-Verschlüsselung

Die linienbasierte End-to-Display-Verschlüsselung ist in weiten Teilen vergleichbar mit der einfachen End-to-Display-Verschlüsselung aus Abschnitt 4.1. Sie unterscheidet sich aber in der Anwendung der Techniken. So werden die Verschlüsselungsinformationen nicht wie bisher in einer zusätzlichen Zeile über dem verschlüsselten Bild dargestellt, sondern in jeder Zeile. Jede Zeile kann dadurch einen eigenen AES-Seed (auch Nonce genannt) erhalten. Dies ermöglicht es, dass bei einem Inhaltswechsel dieser Zeile die neue Information mit einem neuen AES-Seed verschlüsselt werden kann. Somit ist ein Angriff über Differenzialbilder, wie in Abbildung 4.8 dargestellt, nicht möglich.
Diese Konzeption wurde vom Autor 2016 bei der „IEEE International Conference on Identity, Security and Behavior Analysis“ (kurz: ISBA) veröffentlicht [BB16b] und 2015 als “Verschlüsselungs-Pixelmatrix; Verfahren zu ihrer Erzeugung; Bilddatei, Videodatei und Videodatenstrom mit einer solchen Pixelmatrix, Verfahren zur Erzeugung einer Klarbildmatrix ausgehend von einer solchen Verschlüsselungs-Pixelmatrix sowie Dekodier-Einheit zur Durchführung dieses Verfahrens” als Patent eingereicht [BB16a].

4.2.1 Kompression

Problematisch ist jedoch, dass, wenn die Verschlüsselung wie bisher durchgeführt und die Verschlüsselungsinformationen am Anfang der Zeile eingefügt wird, sich nach der Entschlüsselung ein Balken ergibt, der für den Benutzer ohne Nutzen ist. Dies ist in Abbildung 4.9 dargestellt. Dieser Bereich ist bei einem 4096 Bits langen RSA-Schlüssel bis zu 186 Pixel breit und dadurch für den Benutzer sehr störend. Diese Störung kann dazu führen, dass Benutzer diesen aus dem sichtbaren Monitorbild schieben wollen, um mehr sichtbares Bild zu erhalten und so die Entschlüsselung ausschalten.
Daher wird versucht, die für die Anzeige des verschlüsselten Bildes benötigte Fläche der benötigten Fläche für das entschlüsselte Bild gleichzusetzen. Dabei sollte die Qualität des entschlüsselten Bildes im Vergleich zum Originalbild möglichst unverändert bleiben.
Der zu verwendende Kompressionsalgorithmus muss in der eindimensionalen Linie funktionieren. Dies schließt zum Beispiel Techniken der JPEG-Kompression aus, da diese in einer zweidimensionalen 8x8-Matrix durchgeführt werden. Diese sind in Abschnitt 2.2.1 auf Seite 11 beschrieben.

Abbildung 4.9: Linienbasierte Verschlüsselung ohne Kompression

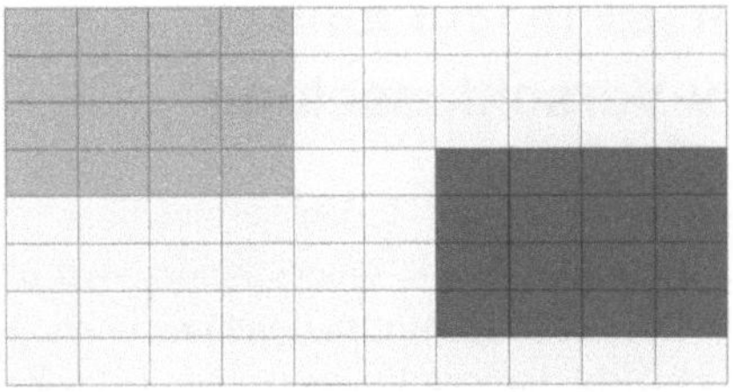

(a) Ausgangsbild

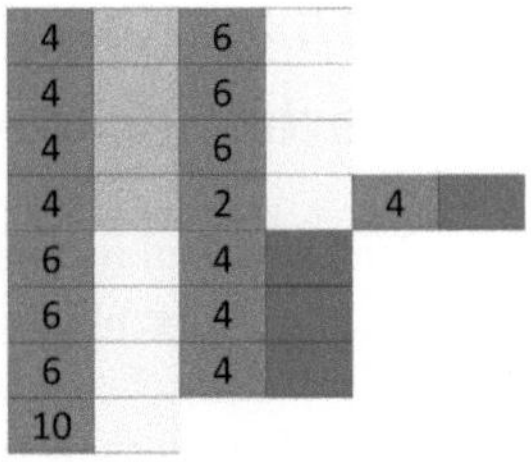

(b) Nach RLE-Kompression

Abbildung 4.10: Kompressionsschritte der RLE

Ein Verfahren, das in kontinuierlichen Daten sehr gut funktioniert, ist die Lauflängenkodierung (engl.: Run-length Encoding, kurz: RLE). Diese ist in Abschnitt 2.2.3 dargestellt. Das Problem der RLE ist, dass sie unter Umständen auch keine Reduktion der Datenmenge bewirkt. Um mindestens die Breite des Headers einzusparen, wird ein Verfahren benötigt, das auf jeden Fall eine Mindestmenge an Pixeldaten reduziert.

Eine verlustfreie Kompression ist mit RLE auch bei Bilddaten möglich. Insbesondere bei Bildern, die zum Beispiel Anwendungsoberflächen zeigen, lassen sich hier sehr gute Ergebnisse erzielen.

Eine Umsetzung hierfür ist das Zählen gleicher aufeinanderfolgender Pixel. Die Anzahl der gleichen Pixel wird dann in einem weiteren Pixel kodiert. Damit die Hardware, die nur Pixeldaten erhält, erkennt, dass es sich um den Zählpixel handelt, wird dieser in unserer Anwendung durch den Rot- und Blau-Wert 0 gekennzeichnet. Dies bedeutet, dass alle anderen Pixel im Pixelstrom keinen Rot- und Blau-Wert 0 haben dürfen. Es gibt weitere Möglichkeiten, diese Pixel zu kodieren. Es ist ebenso möglich einen festen Ablauf von Zählpixel und Farbpixel einzuhalten, was jedoch den Platzbedarf für die zu übertragende Information im schlechtesten Fall verdoppelt.

Ein Beispiel für ein RLE-komprimiertes Bild ist in Abbildung 4.10 zu sehen. Dabei ist im linken Bild 4.10a das Ausgangsbild dargestellt. Jeder Kasten stellt dabei ein Pixel dar. Im rechten Bild 4.10b ist das Bild nach der RLE-Kompression dargestellt. Die roten Pixel sind hier die Zählpixel, die die Anzahl der Wiederholungen des folgenden Farbwertes angeben.

Ein weiteres Ergebnis einer RLE-Kompression wird in Abbildung 4.11 anhand eines Bildschirmfotos einer üblichen Office-Anwendung in Abbildung 4.11a und dem Lena-Bild in Abbildung 4.11b dargestellt. Dabei sind schwarze Pixel entweder Zählpixel oder am Ende der Zeile freiwerdende Pixel. In diesen Beispielen wird ersichtlich, dass die Kompression insbesondere dann gut Platz einspart, wenn die Bilder relativ gleichförmig sind, also ohne große Farbverläufe. Hat das Bild viele Farben, Details und Verläufe, so spart die Kompression kaum etwas ein. Die dazugehörigen Einsparungen sind in Tabelle 4.1 dargestellt.

Dies zeigt, dass es nicht immer möglich ist, mit der normalen RLE ein Mindestmaß an Pixeln einzusparen. Für den Anwendungszweck der E2DE ist es jedoch zwingend erforderlich, dass die Kompression immer gelingt, um eine Mindestanzahl von Pixeln einzusparen, damit der Header darstellt werden kann.

Zu diesem Zweck wird in dieser Arbeit eine verlustbehaftete RLE vorgeschlagen, die immer

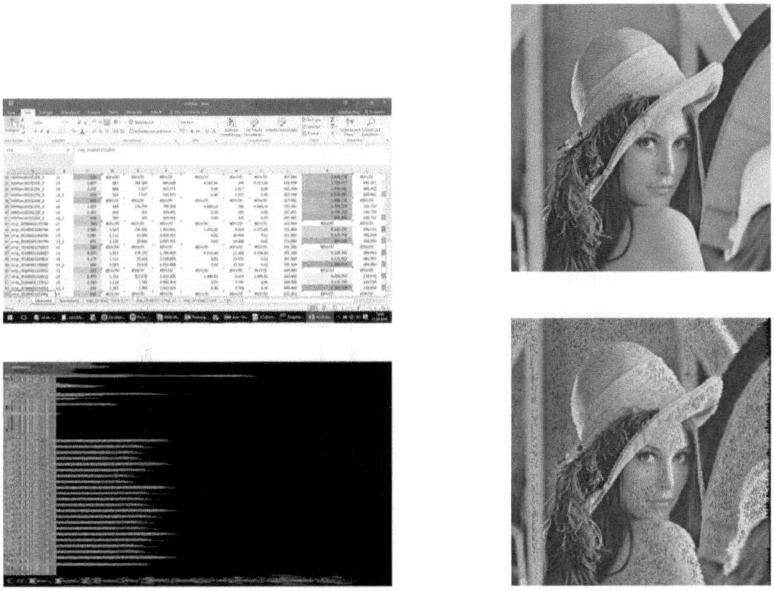

(a) RLE auf Office-Anwendung. Oben: Ausgangsbild, Unten: nach RLE

(b) RLE auf Lena. Oben: Ausgangsbild, Unten: nach RLE

Abbildung 4.11: RLE-Kompression von Office-Anwendung und Lena

Einsparung durch RLE					
Bild	**Höhe**	**Breite**	**Pixel vor RLE**	**Pixel nach RLE**	**Einsparung**
Office Anwendung	768	1366	1.049.088	204.036	80,6%
Lena	512	512	262.144	259.737	1%

Tabelle 4.1: Einsparung durch Verwendung der RLE bei Abbildungen in 4.11

ein Mindestmaß an Kompression erreichen kann und zudem effizient funktioniert. Diese wird im nächsten Abschnitt erläutert.

4.2.2 Effiziente Pixel Kompression (EPiK)

Die Effiziente Pixel Kompression (EPiK) hat folgende Ziele:

1. Möglichst verlustfreie Darstellung der Originalinformation.
2. Ein parametrisierbares Mindestmaß der Reduktion von zu übertragenden Pixeldaten.
3. Darstellbarkeit als Pixel und Eignung für Pixeldaten.
4. Effizient genug, um auch bei häufigem Inhaltswechsel schnell zu funktionieren. Die minimale Framerate (engl: frames per second, kurz: fps), um Sprite-Animationen als Animationen wahrzunehmen, liegt bei 12 fps, dies soll hier der untere Grenzwert sein. [Tha08]

Eine solche verlustbehaftete RLE lässt sich dadurch gestalten, dass sie benachbarte Pixel auch dann zusammengefasst, wenn diese nicht genau gleichwertig sind, wie es bei der herkömmlichen RLE der Fall ist. Durch die Einführung einer Unschärfe in den Zusammenfassungsprozess können mehr Pixel eingespart werden als zuvor, sowie eine Mindestanzahl definiert und umgesetzt werden.
Für dieses Mindestmaß an eingesparten Pixeln ist es entweder notwendig, von Anfang an die perfekte Unschärfe zu kennen, oder sie iterativ zu bestimmen. Dieser iterative Ansatz ist jedoch nicht effizient umsetzbar, da er stark von den Eingangsdaten abhängig ist. Ein Mechanismus zur Vorhersage einer passenden Unschärfe wäre in den meisten Fällen nicht optimal, da er, um Iterationen zu vermeiden, meist eine zu große Unschärfe angeben würde.
EPiK geht hier anders vor und versucht durch Sortierung und Reduktion die Verluste optimal gering zu halten, ohne Iterationen zu verursachen. Dafür wird bei EPiK eine neue Datenstruktur aufgebaut, die es ermöglicht, die Daten effizient zusammenzufassen.
Für diesen Ansatz wir definiert, dass ein Bild I der Dimension MxN, wobei M die Breite und N die Höhe des Bildes darstellt, aus einzelnen Zeilen z besteht.

$$I = \bigcup_{y=0}^{N} z_y \tag{4.1}$$

Eine Zeile z besteht aus einer Sequenz von Pixeln p

$$z = \bigcup_{x=0}^{M} p_x \tag{4.2}$$

Jedes Pixel p besteht aus drei Werten $(r,\ g,\ b)$, sowie der Position im Bild.

$$p = \{r,\ g,\ b,\ x,\ y\} \tag{4.3}$$

Für die Kompression werden für jede Zeile z die folgenden vier Schritte durchgeführt.

1. Paarbildung
Zuerst werden horizontal benachbarte Pixel zu Paaren zusammengefasst. Jedes Paar erhält eine Distanz Δ. Diese wird in dieser Arbeit durch die euklidische Distanz, auch euklidische Metrik genannt [Bro05, S. 624], der beiden Pixel berechnet. Durch die Paarbildung ergibt sich eine doppelt verkettete Liste, da jedes Pixel (ausgenommen des ersten und des letzten Pixel) jeweils einen linken und einen rechten Nachbarpixel hat. Jedes Paar hat zudem einen Zähler $\#n$, der anfangs auf eins gesetzt wird. Dieser wird später für die Lauflängenkodierung verwendet. Ein Pixelpaar pp ist folglich definiert als:

$$pp := \{p_l,\ p_r,\ \Delta(p_l, p_r),\ \#n,\ pp_v,\ pp_n\} \tag{4.4}$$

Es besteht aus den beiden Farbpixeln p_l und p_r, also dem linken Farbwert und dem rechten Farbwert, der Distanz Δ dieser beiden Farbwerte in der verwendeten Distanzmetrik, dem Zähler und dem vorherigem und nachfolgenden Pixelpaar pp_v und pp_n, sofern vorhanden. Das letzte Pixel in einer Zeile stellt einen Sonderfall dar. Dieser hat keinen rechten Nachbarpixel und erhält daher als rechtes Element ein leeres Element. Als Distanz wird das mögliche Maximum verwendet.

2. Sortieren
Die Paare werden nun nach deren Distanz sortiert in eine Liste L eingetragen, so dass jedes Paar eine Sortierungsposition pos erhält. Dabei ist die Position des Pixel in der Linie $x(p_l)$ und die Distanz Δ entscheidend. Die sortierte Liste soll dafür sorgen, dass die Distanz aufsteigend ist und bei gleicher Distanz des links liegenden Pixel vor dem rechts liegenden Pixel eingetragen wird. Daraus ergibt sich die Vergleichsoperation:

$$sort(pp_n, pp_m) = \begin{cases} pp_n,\ pp_m & \text{falls } \Delta(pp_n) < \Delta(pp_m), \\ pp_n,\ pp_m & \text{falls } \Delta(pp_n) = \Delta(pp_m) \& x(p_l(pp_n)) < x(p_l(pp_m)), \\ pp_m,\ pp_n & \text{falls } \Delta(pp_n) = \Delta(pp_m) \& x(p_l(pp_n)) > x(p_l(pp_m)), \\ pp_m,\ pp_n & \text{sonst.} \end{cases} \tag{4.5}$$

In dieser Liste hat nun jedes Pixel-Paar einen linken und einen rechten Nachbarn, sofern sie nicht das erste oder das letzte Pixel-Paar in der Linie darstellen. Auf den Vorgänger kann durch die Funktion $left(pp)$ und den Nachfolger durch die Funktion $right(pp)$ zugegriffen werden.

3. Reduktion
Der Reduktionsschritt soll die Menge der Pixel reduzieren. Er ist in Algorithmus 1 als Pseudocode dargestellt. Der Reduktionsfunktion wird die sortierte Liste L und eine Mindestanzahl der zu reduzierenden Pixel übergeben. Die Liste wird von der minimalen Distanz hin zur höchsten Distanz durchlaufen. Zu jedem Zeitpunkt ist das betrachtete Pixel-Paar

Algorithmus 1 Reduktion der Pixel-Paare in der Pixel-Paar Liste

```
function REDUKTION(L, t)          ▷ Pixel-Paar Liste L und Anzahl zu reduzierende Pixel t
    r ← 0                                        ▷ Anzahl eingesparter Pixel
    for all pp in L do                           ▷ Für jedes Element der Liste L
        if r > t then                            ▷ Genug Pixel eingespart
            return L                             ▷ Rückgabe reduzierter Liste
        end if
        if exists(right(pp)) then                ▷ Prüfen, ob ein rechter Nachbar exisitiert
            if #n(pp) > 1 or #n(right(pp)) > 1 then   ▷ Wenn bereits reduziert wurde
                r ← r + 1
            end if
            #n(right(pp)) ← #n(pp) + #n(right(pp))    ▷ Zähler erhöhen
            #n(pp) ← 0                           ▷ Reduziertes PP auf 0 setzen
            pos(right(pp)) ← pos(pp)             ▷ Position des rechten Nachbarn ändern
            if exists(left(pp)) then             ▷ Wenn ein Vorgänger existiert
                right(left(pp)) ← right(pp)      ▷ Linken Nachbarn anpassen
                left(right(pp)) ← left(pp)       ▷ Rechten Nachbarn anpassen
            end if
        end if
    end for
    return L                                     ▷ Rückgabe, wenn alle PP reduziert wurden
end function
```

das Pixel-Paar mit der geringsten Distanz, bzw., bei gleichen Distanzen, das Pixel-Paar mit der kleinsten x-Position in der Ausgangsbildzeile und der geringsten Distanz. Das Pixel-Paar enthält die beiden Farbwerte, die bei einer Zusammenfassung den geringsten Fehler bezüglich der verwendeten Distanzmetrik auslösen, und wird daher zusammengefasst. Der rechte Farbwert ist der linke Farbwert des darauffolgenden Pixel-Paares in Bezug zur Ausgangsbildzeile. Daher wird dessen Zähler um die Anzahl der repräsentierten Farbwerte des betrachteten Pixel-Paares erhöht. Das betrachtete Pixel-Paar wird aus der Liste entfernt, indem die Verlinkung zu den benachbarten Pixel-Paaren überschrieben wird. Zudem wird der Zähler auf null gesetzt. Anschließend wird mit dem in der sortierten Liste nächste Pixel-Paar fortgefahren. Dieses ist nun das Pixel-Paar mit der geringsten Distanz in dieser Liste. Es ist zu beachten, dass die Reduktion erst dann eine Reduktion der zu übertragenden Pixeldaten erreicht, wenn mindestens drei Pixel zusammengefasst wurden. Solange nur zwei Pixel zusammengefasst wurden, wird die Einsparung durch den Zählpixel wieder ausgeglichen. Dies wird im Algorithmus 1 in der Bedingung in Zeile 8 geprüft.
Auch dies wird für alle Pixel-Paare fortgesetzt bis entweder die Mindestanzahl der zu reduzierenden Pixel erfüllt oder ein anderes Abbruchkriterium erreicht wurde. So ist es auch durchaus sinnvoll, alle Pixel-Paare mit minimaler Distanz, also identischen Farbwerten links und rechts, zu reduzieren, auch wenn bereits die Mindestanzahl erreicht sein sollte. Dies reduziert die zu übertragende Datenmenge und hat keinen negativen Einfluss auf die Bildqualität.
In diesem Schritt können unterschiedliche Heuristiken für die Zusammenfassung der Pixel-Paare angewendet werden. So können, wie im Algorithmus 1 dargestellt, die Farbwerte eines Pixel-Paares andere übernehmen. Dies kann jedoch zu größeren Abweichungen im Vergleich des Ausgangsbildes zum dekomprimierten Bild führen. Auf die anwendbaren Heuristiken, zum Beispiel die Verwendung des Mittelwertes, wird im Umsetzungskapitel in Abschnitt 5.2 genauer eingegangen.

4. Rekonstruktion
Die Reduktion liefert eine reduzierte Liste mit Pixel-Paaren. Diese wird der Rekonstruktionsfunktion, in Algorithmus 2 in Pseudocode dargestellt, übergeben. Zusätzlich erhält sie die Anzahl *m*, die angibt, welche Breite der resultierende Bildausschnitt haben soll.
In der Rekonstruktion wird aus allen Pixel-Paaren ein Pixel gebildet. Sollte der Zähler in dem Pixel-Paar größer sein als eins, so wird dem Farbpixel ein Zählpixel nachgestellt. Dieser Zähler wird in diesem Farbpixel im Blauwert kodiert und durch den Rotwert null kenntlich gemacht. Kein Farbpixel darf daher den Rotwert null haben. Sollte ein Farbpixel den Rotwert null haben, so wird dieser in der Rekonstruktion auf eins gesetzt.

Im nächste Abschnitt wird dieser Algorithmus an einem Beispiel darstellt.

4.2.3 Beispiel einer Kompression mit EPiK

Als Ausgangspunkt für unser Beispiel verwenden wir eine Zeile aus 10 Pixeln. Diese ist in Abbildung 4.12 dargestellt.

Algorithmus 2 Rekonstruktion der Bildzeile aus einer Pixel-Paar Liste

```
function REKONSTRUKTION(L, m)
                         ▷ Pixel-Paar Liste L und Anzahl zu rekonstruierende Pixel m
    l ← {}                                                        ▷ Leere Bildzeile
    c ← {0,0,0}                                            ▷ Temporäre Farbvariable
    for all pp in L do                                ▷ Für jedes Element der Liste L
        c ← p_l(pp)                                       ▷ Farbe zwischenspeichern
        if r(c) = 0 then                                         ▷ Ist Rotwert null?
            c ← {1,g(c),b(c)}                                   ▷ Rotwert auf eins
        end if
        l ← {l, c}                                            ▷ Farbpixel einfügen
        if #n(pp) > 1 then          ▷ Wenn ein PP mehr als einen Pixel repräsentiert
            l ← {l, {0,0,#n(pp)}}                             ▷ Zählpixel anfügen
        end if
    end for
    while |l| < m do                ▷ Solange die verfügbare Länge nicht erreicht ist
        l ← {l, {0,0,0}}                          ▷ Auffüllen mit schwarzen Pixeln
    end while
    return l
end function
```

Abbildung 4.12: Ausgangszeile für EPiK-Beispiel

Die Farbwerte der Pixel sind in Tabelle 4.2 dargestellt.
Aus diesen Pixeln werden nun die Pixel-Paare gebildet. Dabei ist das letzte Pixel-Paar auf der rechten Seite nicht besetzt. Es erhält die maximale Distanz.
Als Distanzmaß wird die euklidische Distanz [Bro05, S. 624] mit der allgemeinen Formel 4.6 verwendet.

$$d(p,q) = \|q-p\|_2 = \sqrt{(q_1-p_1)^2+\cdots+(q_n-p_n)^2} = \sqrt{\sum_{i=1}^{n}(q_i-p_i)^2} \tag{4.6}$$

Für RGB-Farbwerte ergibt sich daraus die Berechnungsformel 4.7.

$$d(p_1,p_2) = \sqrt{(r(p_1)-r(p_2))^2+(g(p_1)-g(p_2))^2+(b(p_1)-b(p_2))^2} \tag{4.7}$$

Daraus ergeben sich die Pixel-Paare in Tabelle 4.3, die in Abbildung 4.13 dargestellt sind. Dabei sind auch die Zähler dargestellt. Diese Pixel-Paare werden nun sortiert, wie in Abbildung 4.14 dargestellt.

Pixelwerte			
Position	**R**	**G**	**B**
1	200	200	0
2	200	200	0
3	70	140	220
4	80	160	200
5	90	180	180
6	250	70	55
7	250	70	55
8	250	70	55
9	240	30	30
10	240	30	30

Tabelle 4.2: RGB-Werte und Position der Pixel aus 4.12

Pixel-Paare									
Pixel-Paar	p_l				p_r				Δ
	Position	**R**	**G**	**B**	**Position**	**R**	**G**	**B**	
PP_1	1	200	200	0	2	200	200	0	0,0
PP_2	2	200	200	0	3	70	140	220	262,5
PP_3	3	70	140	220	4	80	160	200	30,0
PP_4	4	80	160	200	5	90	180	180	30,0
PP_5	5	90	180	180	6	250	70	55	230,9
PP_6	6	250	70	55	7	250	70	55	0,0
PP_7	7	250	70	55	8	250	70	55	0,0
PP_8	8	250	70	55	9	240	30	30	48,2
PP_9	9	240	30	30	10	240	30	30	0,0
PP_{10}	10	240	30	30	x	x	x	x	∞

Tabelle 4.3: Gebildete Pixel-Paare aus 4.12

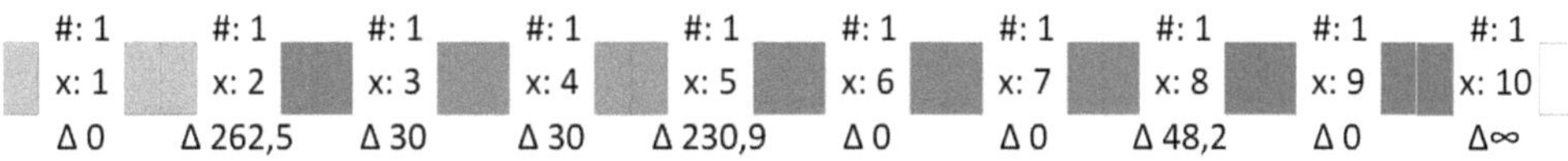

Abbildung 4.13: Pixel-Paare

Im ersten Schritt der Reduktion wird das erste Pixel-Paar PP_1 betrachtet. Um dieses Pixel-Paar zu reduzieren, wird dem rechten Nachbarn PP_2 die Anzahl des Zählers hinzuaddiert. Zudem wird die Position des PP_2 auf die Position eins geändert. Dies ist in Abbildung 4.15 dargestellt. Das Ergebnis dieser Reduktion ist in den Abbildungen 4.16 dargestellt. Sie zeigen in Abbil-

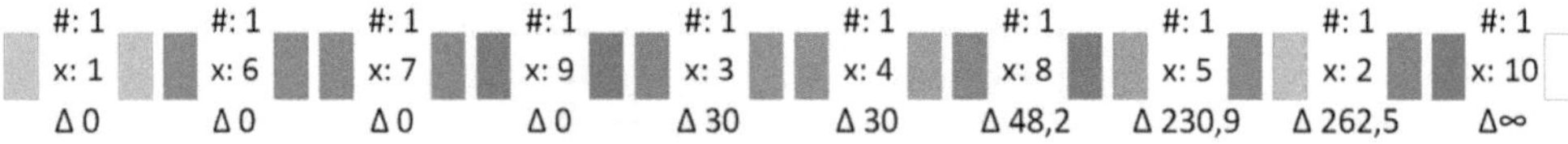

Abbildung 4.14: Sortierte Pixel-Paare

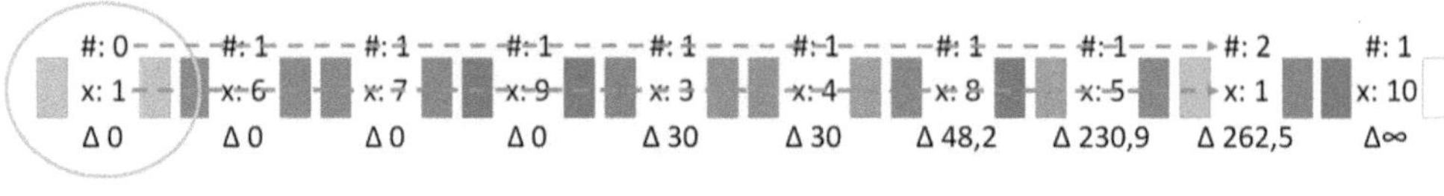

Abbildung 4.15: Schritt 1 der Reduktion

dung 4.16a die komprimierte Darstellung, die jedoch noch zu keiner Platzersparnis führt. In Abbildung 4.16b ist das Ergebnis der Dekompression dargestellt. Dieses unterscheidet sich noch nicht vom Ausgangsbild, da nur ein Pixel-Paar mit der Distanz 0 reduziert und dadurch keine Fehler erzeugt wurden.

(a) Reduktionsergebnis nach Schritt 1

(b) Ausgabe nach Dekompression

Abbildung 4.16: Ergebnis des ersten Reduktionsschrittes

Im nächsten Durchgang der Reduktion wird nun das Pixel-Paar PP_6 betrachtet. Dieses wird mit dem rechten Nachbarn PP_7 reduziert. PP_7 erhöht seinen Zähler und erhält die Position von PP_6. Dies ist in Abbildung 4.17 dargestellt.

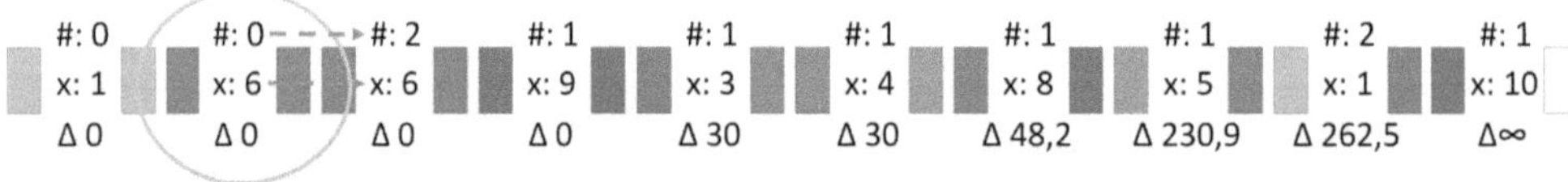

Abbildung 4.17: Schritt 2 der Reduktion

In Abbildungen 4.18 sind die Ergebnisse dieses Durchgangs dargestellt. Auch hier wird das Ergebnisbild ohne Änderung im Vergleich zum Originalbild dargestellt, da noch keine Pixel-Paare mit einer Distanz größer 0 reduziert wurden und daher noch kein Fehler erzeugt wird. Auch ist noch keine Platzersparnis zu beobachten.

(a) Reduktionsergebnis nach Schritt 2

(b) Ausgabe nach Dekompression

Abbildung 4.18: Ergebnis des zweiten Reduktionsschrittes

Beim dritten Durchgang erhalten wir zum ersten Mal eine Reduktion der zu übertragenden Pixel. Dies geschieht durch die Reduktion von PP_7, nun an Position 6, mit dessen rechtem Nachbarn PP_8. Dies ist in Abbildung 4.19 dargestellt.

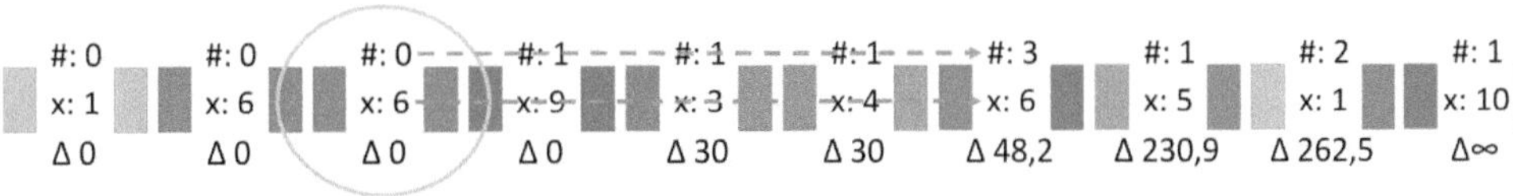

Abbildung 4.19: Schritt 3 der Reduktion

Wie in den Abbildungen 4.20 zu sehen ist, reduziert sich die Anzahl der zu übertragenen Pixel in Abbildung 4.20a um einen Pixel auf nun neun statt zehn Pixel. Trotzdem ist noch kein Qualitätsverlust in Abbildung 4.20b zu erkennen, da noch keine Pixel-Paare reduziert wurden, die einen Fehler erzeugen würden.

(a) Reduktionsergebnis nach Schritt 3

(b) Ausgabe nach Dekompression

Abbildung 4.20: Ergebnis des dritten Reduktionsschrittes

Im nächsten Durchgang wird nun das Pixel-Paar PP_9 mit seinem Nachbarn PP_{10} reduziert. Diese Reduktion erzeugt, wie in Abbildungen 4.22 dargestellt, noch keine weitere Reduktion der zu übertragenden Pixelmenge und auch keine Fehler in der Dekompression (siehe Abbildung 4.22b).

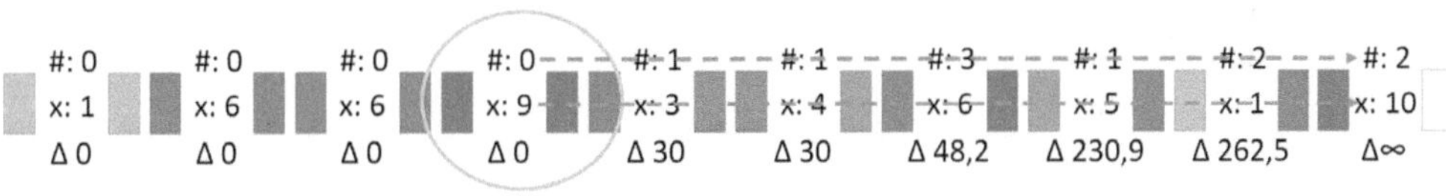

Abbildung 4.21: Schritt 4 der Reduktion

Würde an dieser Stelle die Reduktion abgebrochen, so würde die zu übertragene Menge an Pixeln um 10% reduziert werden, ohne einen Qualitätsverlust zu erzeugen. Dies wäre in diesem Fall jedoch auch mit der normalen Lauflängenkodierung möglich gewesen.

(a) Reduktionsergebnis nach Schritt 4

(b) Ausgabe nach Dekompression

Abbildung 4.22: Ergebnis des vierten Reduktionsschrittes

Im nächsten Schritt wird zum ersten Mal ein Qualitätsverlust durch den Reduktionsschritt der Kompression herbeigeführt. Dies geschieht durch die Reduktion von PP_3 mit seinem Nachbar-Pixel-Paar PP_4. Die beiden Pixel von PP_3 haben einen Abstand von 30, dies ist zu diesem

Zeitpunkt der geringste Abstand der noch vorhandenen Pixel-Paare. Die Reduktion ist in Abbildung 4.23 dargestellt.

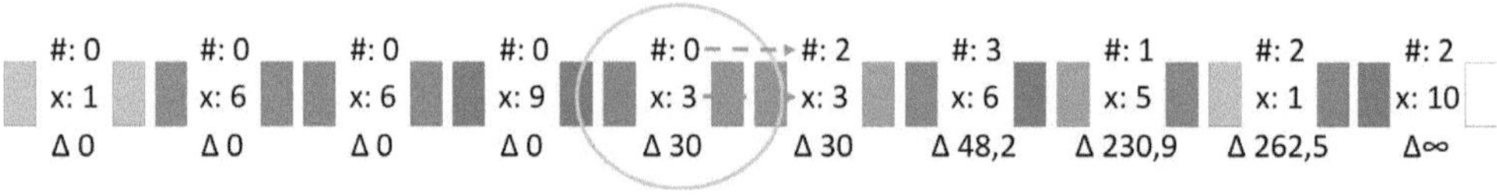

Abbildung 4.23: Schritt 5 der Reduktion

Das Ergebnis dieser Reduktion ist nun in Abbildungen 4.24 dargestellt. Die Menge der zu übertragenden Pixel ist noch nicht weiter reduziert. Dies ist aus Abbildung 4.24a ersichtlich. Jedoch hatte dieser Reduktionsschritt Auswirkungen auf die Qualität der Dekompression. Dies ist dargestellt in Abbildung 4.24b. Hier zeigt sich, dass an der Stelle, an der vorher drei unterschiedliche blaue Pixel waren, nun zwei gleiche und ein davon abweichender blauer Pixel zu sehen sind.

(a) Reduktionsergebnis nach Schritt 5

(b) Ausgabe nach Dekompression

Abbildung 4.24: Ergebnis des fünften Reduktionsschrittes

Als nächstes wird nun das nächste blaue Pixel reduziert. Dies geschieht durch die Reduktion von Pixel-Paar PP_4, nun an Position drei, mit dem Nachbar-Pixel-Paar PP_5. Dies ist in Abbildung 4.25 dargestellt.

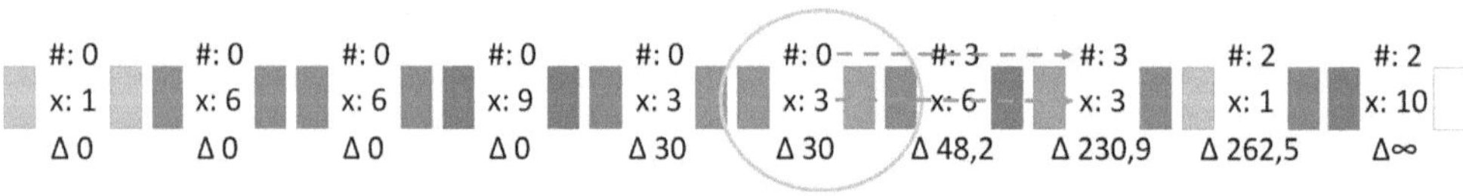

Abbildung 4.25: Schritt 6 der Reduktion

Als Ergebnis dieses Durchgangs ist zu sehen, dass sowohl die Menge der zu übertragenden Pixel als auch die Qualität durch die Kompression reduziert wurde. Das Ergebnis ist in Abbildungen 4.26 dargestellt. Die zu übertragende Menge an Pixeln ist in Abbildung 4.26a zu sehen. Es werden nun nur noch 8 Pixel statt der ursprünglich 10 Pixel benötigt um die Darstellung zu übertragen. In Abbildung 4.26b zeigt sich der durch die Kompression eintretende Qualitätsverlust. Aus den ursprünglich drei unterschiedlichen blauen Pixeln sind nun drei gleichfarbige Pixel geworden. Diese Reduktion ist, wie alle Reduktionsschritte, zu diesem Zeitpunkt die Reduktion mit dem geringsten Fehler in Bezug auf diese Pixelmenge.

Der nächste Durchgang der Reduktion fasst die bisher reduzierten hellen und dunklen Rotwerte zusammen. Hierbei wird Pixel-Paar PP_6 mit seinem rechten Nachbarn PP_{10} zusammengefasst. Dies ist in Abbildung 4.27 dargestellt.

(a) Reduktionsergebnis nach Schritt 6 (b) Ausgabe nach Dekompression

Abbildung 4.26: Ergebnis des sechsten Reduktionsschrittes

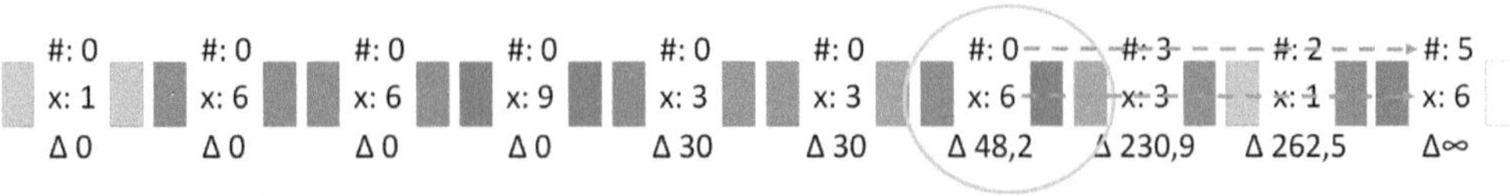

Abbildung 4.27: Schritt 7 der Reduktion

Im Ergebnis, in Abbildung 4.28 dargestellt, ist nun zu sehen, dass die zu übertragende Pixelmenge weiter reduziert wurde, auf nun sechs Pixel, drei Farbpixel und drei Zählpixel. In der Dekompression, in Abbildung 4.28b dargestellt, ergibt sich dementsprechend nur noch ein dreifarbiges Bild.

(a) Reduktionsergebnis nach Schritt 7 (b) Ausgabe nach Dekompression

Abbildung 4.28: Ergebnis des siebten Reduktionsschrittes

Im nächsten Durchlauf wird nun das Pixel-Paar PP_5, das nun an Position 3 steht, mit dem benachbarten Pixel-Paar PP_{10}, nun an Position 6, zusammengefasst. Dies ist in Abbildung 4.29 dargestellt.

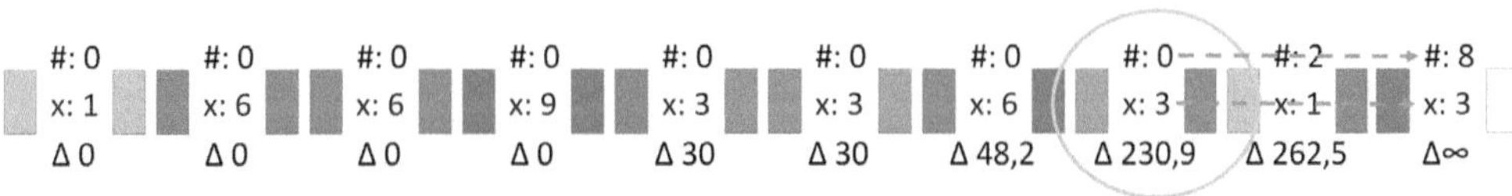

Abbildung 4.29: Schritt 8 der Reduktion

Die Auswirkungen dieser Reduktion sind in Abbildungen 4.30 dargestellt. Die zu übertragenen Pixelmenge, in Abbildung 4.30a dargestellt, hat sich weiter reduziert, auf nur noch 4 Pixel. Dies ergibt in der Dekompression das in Abbildung 4.30b dargestellte zweifarbige Ergebnis.
Der letzte Schritt reduziert die Menge der zu übertragenden Pixel auf die kleinste Menge, die notwendig ist, um eine vollständige Bildzeile darzustellen. Hier wird das vorletzte verbliebende Pixel-Paar PP_2, nun an Position zwei, mit dem letzten Pixel-Paar PP_{10}, nun an Position drei, zusammengefasst. Dies ist in Abbildung 4.31 dargestellt.
Das finale Ergebnis ist nun in den Abbildungen 4.32 dargestellt. Es müssen, wie in Abbildung 4.32a zu sehen, nur noch zwei Pixel übertragen werden, ein Farbpixel und ein Zählpixel. Dies führt zu dem einfarbigen Ergebnis in Abbildung 4.32b.

(a) Reduktionsergebnis nach Schritt 8 **(b)** Ausgabe nach Dekompression

Abbildung 4.30: Ergebnis des achten Reduktionsschrittes

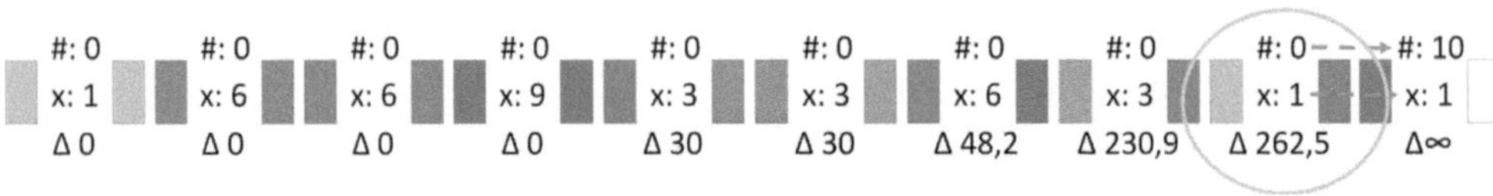

Abbildung 4.31: Schritt 9 der Reduktion

(a) Reduktionsergebnis nach Schritt 9 **(b)** Ausgabe nach Dekompression

Abbildung 4.32: Ergebnis des letzten Reduktionsschrittes

Dieses Ergebnis der Reduktion auf nur zwei Pixel ist nicht das Ziel der Kompression. Es zeigt jedoch auch die Fähigkeit der Kompression, selbst bei hohen Anforderungen für die Platzersparnis eine effiziente Kompression erzeugen zu können. In dieser extremen Form wird dies in der Realität selten beziehungsweise nie auftreten. Ein Anwendungsfall der E2DE Verschlüsselung ist hier zum Beispiel die Arbeit über eine Remote-Desktop Verbindung. Hierbei wird ein Desktop übertragen, der aktuell meist 1920x1080 Pixel umfasst. Der Header der E2DE Verschlüsselung benötigt 187 Pixel, daher ist die Mindestanforderung an die Kompression in diesem Szenario die Einsparung von 187 Pixeln. Diese Anforderung lässt daher genug Platz, um erkennbare Bilddaten zu übertragen.

4.2.4 Optimalität einer Kompression mit EPiK

Wie im Beispiel in Abschnitt 4.2.3 gezeigt, kann durch EPiK eine verlustbehaftete Kompression von Pixeldaten durchgeführt werden, die eine vorgegebene Menge an Pixeln einsparen kann. Hier stellt sich nun die Frage, ob der auftretende Qualitätsverlust weiter reduziert werden könnte, oder ob EPiK bereits ein optimales Ergebnis liefert.
Hierbei muss vorab festgestellt werden, dass der Qualitätsverlust stark von den gewählten Heuristiken und der Farbstrategie abhängig ist. Dies wird im Ergebniskapitel 5.2.2.4 weiter erläu-

tert. Für den folgenden Beweis gehen wir von festen Metriken und Heuristiken aus, die nicht Teil des Beweises sind. Der Beweis bezieht sich auf ein optimales Ergebnis in Bezug auf die gewählten Methoden.
Hierfür definieren wir, vgl. Abschnitt 4.2.2:

Definition 1 (Pixel-Paar pp_i). *Ein Pixel-Paar pp_i repräsentiert das Tupel von zwei aufeinanderfolgende Pixel p_i, p_{i+1}, sowie deren Abstand nach einer definierten Distanzmetrik Δ. Für die Kompression werden zudem der Zähler der repräsentierten Pixel #n und die beiden Pixel-Paare pp_{i+1}, pp_{i-1} verknüpft.*

$$pp_i := \{(p_i,\ p_{i+1},\ \Delta,\ \#n,\ pp_{i-1},\ pp_{i+1})\} \tag{4.8}$$

Definition 2 (Menge der Pixel-Paare *PP* einer Bildzeile). *Die Menge der Pixel-Paare PP_z besteht aus allen Pixel-Paaren pp einer Bildzeile z des Augangsbildes I in beliebiger Reihenfolge.*

$$PP_z = \bigcup_{j=0}^{|z|} pp_j \tag{4.9}$$

Definition 3 (Reduzierte Menge von Pixel-Paaren). *Die Menge l_n stellt eine um n Pixel reduzierte Untermenge von Pixel-Paaren aus PP_z dar. Bei der Reduzierung wird der Zähler*

$$l_n = \{pp_0, \dots, pp_n\} \subseteq PP_z,\ 0 < n < |z| \tag{4.10}$$

Definition 4 (Menge aller möglichen reduzierten Mengen). *Die Menge aller möglichen Mengen l_n aus Definition 3 werden als L_n dargestellt. Sie stellt somit alle Möglichkeiten der Reduktion dar.*

Definition 5 (Durch EPiK reduzierte Menge). *Die durch die EPiK Methode aus Abschnitt 4.2.2 erstellten Mengen mit der Reduktion n ist in $l_{epik,\ n}$ dargestellt.*

Definition 6 (Ausgerollte Bildzeile). *Gegeben ist eine Funktion, die aus einer um n-reduzierten Menge, $n \in \mathbb{N}$ von Pixel-Paaren wieder eine Bildzeile $z_{reduce,\ n}$ bzw. $z_{epik,\ n}$ erstellt. Der Fehler zwischen der Ausgangszeile z und den neu erstellten Bildzeilen wird durch die Distanzmetriken $\Delta(z,\ z_{reduce,\ n})$ berechnet. Dabei gilt: Die Anzahl der Pixel $|z|$ ist gleich der Anzahl der Pixel $|z_{reduce,\ n}|$ und $|z_{epik,\ n}|$.*

Der zu beweisende Satz der Optimalität von EPIK lautet nun:

Satz 1. *Es existiert für eine gegebene Anzahl $n \in \mathbb{N}$, $n \leq |PP|$ keine Menge von Pixelpaaren $pp \in L_n$, die nach der Wiederherstellung zu $z_{reduce,\ n}$ einen geringeren Qualitätsverlust $\Delta(z,\ z_{reduce,n})$ darstellt als die der Qualitätsverluste $\Delta(z, z_{epik,\ n})$ der Bildzeile $z_{epik,\ n}$.*

$$\Delta(z,\ z_{epik,\ n}) \leq \forall \Delta(z,\ z_{reduce,n}) : \ n \leq |PP| \tag{4.11}$$

Beweis. Betrachtet man im Induktionsanfang den Fall $n = 1$, so wird in der Menge $l_{epik,\ 1}$ beim Reduktionsschritt das erste Pixel-Paar mit seinem Nachbarn zusammengefasst. Der Abstand zwischen den beiden Pixeln im ersten Pixel-Paar ist minimal. Daher ist auch der Fehler im

darauffolgenden Dekompressionsschritt minimal. Es gibt in der Menge L_1 keine andere Untermenge, in der ein anderes Pixel-Paar reduziert werden könnte, die einen geringeren Fehler verursacht, da das erste Pixel-Paar in $l_{epik,1}$ bereits den geringsten Fehler verursacht.
Betrachten wir nun den Induktionsschritt $n' = n + 1$, so wird in der Menge $l_{epik,\ n'}$ im Vergleich zum vorherigen reduzierten Element wieder das Pixel-Paar mit dem geringsten Fehler reduziert. Dieses hat in der gesamten Menge den geringsten Fehler. Es gibt zwei Möglichkeiten, wie eine Untermenge aus $L_{n'}$, die einen geringeren Fehler als $l_{epik,\ n'}$ aufweist, zustande kommen kann:

1. Entweder die Untermenge war bereits in L_n mit einem geringeren Fehler vorhanden und würde daher gegen den Induktionsanfang verstoßen.

2. Oder das Element, das nun reduziert wird, erzeugt einen geringeren Fehler als das Element, das in $l_{epik,\ n'}$ reduziert wird. Das darf jedoch durch die Sortierung nicht möglich sein, da im Schritt n' immer das Element mit der geringsten Distanz reduziert wird.

Die beiden Möglichkeiten stehen im Widerspruch zur Vorbedingung und daher ist der Beweis der Optimalität erbracht.

□

4.2.5 Entschlüsselung und Dekompression mit EPiK

Wenn ein mit der linienbasierten Verschlüsselung verschlüsseltes Bild vom E2DE-Receiver erkannt wird, startet die Entschlüsselung und Dekompression. Dabei wird der Header, wie in Abschnitt 4.1 dargestellt, verarbeitet. Dies geschieht jedoch nicht nur einmal pro Frame, sondern in jeder Zeile. Dabei wird prinzipiell in jeder Zeile die Entschlüsselung des RSA-verschlüsselten AES-Schlüssels neu vorgenommen. Da dieser jedoch über mehrere Frames gleich bleibt, kann dieser aufwendige Prozess durch das Zwischenspeichern des Schlüssels parallel zum restlichen Prozess durchgeführt werden. Ist der vorhandene AES-Schlüssel für die Entschlüsselung der vorhandenen Zeile gültig, was durch eine erfolgreiche KeySAR-Entschlüsselung geprüft werden kann, siehe Abschnitt 4.4, werden die komprimierten Pixel und Farbwerte entschlüsselt und gemäß dem Pseudocode in Algorithmus 3 ausgegeben.
Für den im Pseudocode dargestellten Algorithmus wird als Eingabe eine Liste der entschlüsselten Pixel und die aus dem Header entnommene Breite des Bildes übergegeben. Diese Anzahl an Pixeln ist für die Beendigung des Algorithmus relevant, siehe Zeile 5. Dieser wird beendet, wenn das komprimierte Bild zur Sicherheit mit zufälligen Farbwertpixeln aufgefüllt wurde. Ist aus den übertragenen Bilddaten die richtige Menge dekomprimierter Pixelwerte erzeugt worden, so dass die Bildbreite gefüllt ist, bricht der Algorithmus ab und gibt das berechnete Ergebnis zurück. Wurde das komprimierte Bild nicht mit zufälligen Farbwerten aufgefüllt, so entspricht die Länge der dekomprimierten Bildzeile bereits der gewünschten Zeilenlänge. Zwischen Zeile 8 und 16 findet die eigentliche Dekompression statt. Die Fallunterscheidung unterscheidet, ob es sich beim aktuell betrachteten Pixel um einen Farbwert oder einem Zählpixel handelt[2]. Ist es ein Farbwert, so wird er dem Ergebnis hinzugefügt und für den nächsten Durchgang zwischengespeichert. Sollte der nächste Pixel ein Zählpixel sein, so wird der

[2]Ein Zählpixel hat als einziges Pixel den roten Farbwert null.

Algorithmus 3 Dekompression des linienbasierten Verschlüsselung

```
function DEKOMPRESSION(L, t)                         ▷ Pixelliste L, Bildbreite t
    last ← {0, 0, 0}                                 ▷ Speicher für letzten Farbwert
    result ← {}                                      ▷ Initialisierung der Ergebnisliste
    for all p in L do                                ▷ Für jedes Element der Liste L
        if length(result) >= t then                  ▷ Genug Pixel erzeugt
            return result                            ▷ Rückgabe der erzeugten Bildzeile
        end if
        if p is Farbpixel then
            result ← {result, p}                     ▷ Das Pixel wird der Ergebnisliste hinzugefügt
            last ← p                                 ▷ Farbe zwischenspeichern
        else                                         ▷ p ist Zählpixel
            i = 1                                    ▷ Counter initialisieren
            while i < p do
                result ← {result, last}              ▷ Das letzte Farbpixel hinzufügen
                i++
            end while
        end if
    end for
    return result                                    ▷ Rückgabe, wenn Bildzeile erstellt wurde
end function
```

zwischengespeicherte Farbwert entsprechend häufig in die Liste hinzugefügt. Wenn alle Pixel expandiert wurden oder die maximale Breite des Bildes erreicht wurde, wird die erzeugte Liste der Farbwerte ausgegeben.

4.3 Verschlüsseltes E2DE-Videostreaming durch Video-Codecs

In den bisherigen Kapiteln wurde bereits die Notwendigkeit einer schnellen Videokompression festgestellt. Diese ist vor allem in Remote-Desktop-Umgebungen notwendig, um ein flüssiges Arbeiten zu ermöglichen. Die linienbasierte Verschlüsselung ist hier ein erster Schritt, hat jedoch den Nachteil, dass die Kompression verlustbehaftet sein kann. Zudem kann die Datenrate trotz der reduzierten Anzahl zu übertragender Linien hoch sein. Für eine relativ statische Anwendung, wie z.B. das Lesen und Editieren von Texten oder das Bearbeiten von Tabellenkalkulationen, kann diese ausreichend sein. Bei Multimediaanwendungen oder CAD-Programmen, die häufig den kompletten Bildschirm neu berechnen, ist diese Kompression jedoch nicht ausreichend. Für diesen Zweck wurde die Verschlüsselung von Video-Codecs (kurz: E2DEVC) umgesetzt.

Im Aufbau unterscheiden sich E2DE und E2DEVC durch den Inhalt der verschlüsselten Daten. Während bei E2DE immer Pixeldaten übermittelt werden, werden bei E2DEVC die Frames der MPEG-Kodierung in Pixeldaten umgewandelt und anschließend mit E2DE verschlüsselt und

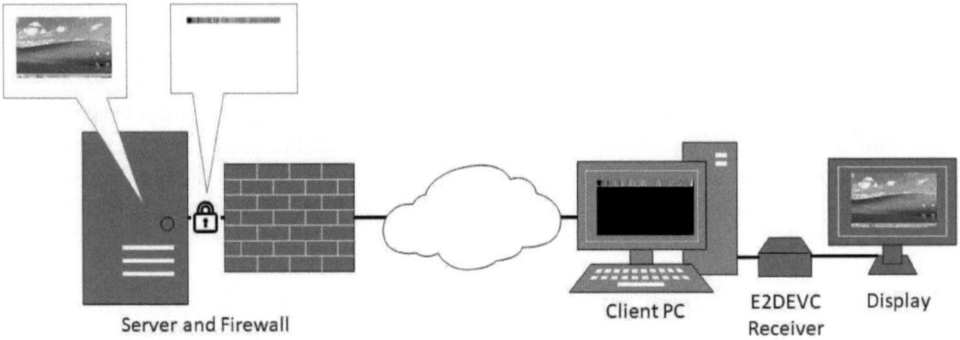

Abbildung 4.33: Darstellung einer verschlüsselten RDP-Umgebung

übertragen. In Abbildung 4.33 ist ein beispielhafter Aufbau einer RDP-Umgebung dargestellt. Zu sehen ist auf der linken Seite der Server, der den Desktop ausführt. Das Abbild dieses Desktops wird anschließend mit E2DEVC verschlüsselt, was zu einer Verringerung der Datenmenge des verschlüsselten Datenstroms führt. Die Daten werden durch den E2DEVC-Receiver entschlüsselt und dargestellt.
Die Entschlüsselung gestaltet sich jedoch komplizierter als bei den anderen gezeigten Konzepten. In den bisherigen E2DE-Konzepten werden alle Daten, die zur Darstellung der Inhalte notwendig sind, in dem aktuellen Bild oder der aktuellen Zeile übertragen. Die Inhalte beruhen nicht auf vorhergehenden Bildern oder Frames. Dies ist in der E2DEVC-Konzeption anders. Das MPEG-Verfahren übertragt nur sporadisch ein alleinstehendes Gesamtbild (I-Frame), dazwischen werden nur Änderungsinformationen übertragen (P- und B-Frames). Diese Änderungsframes benötigen zur Rekonstruktion die Informationen der vorher übertragenen Frames. Daher ergibt sich die Notwendigkeit, dass der E2DE-Receiver zur Darstellung die Daten der vorherigen Frames verarbeitet und speichert.

4.3.1 Verschlüsselung

Die Verschlüsselung des Videostreams oder Videos erfolgt in zwei Schritten. Zuerst wird das Video MPEG-kodiert. Dies ist in Abbildung 4.34a dargestellt. Anschließend erfolgt im zweiten Schritt die eigentliche Verschlüsselung, wie in Abbildung 4.34b dargestellt.
Für diesen Zweck wird der Frame, der übertragen werden soll, in Pixel übersetzt. Hierbei wird genauso vorgegangen wie bei der Kodierung der Header-Informationen. Dies ist in Abbildung 4.35 dargestellt. Wie zu sehen, werden die einzelnen Bytes jeweils in RGB-Werte umgewandelt.
Um dem E2DE-Receiver zu signalisieren, dass es sich bei diesen Daten um MPEG-Frames handelt, wird der Versions Marker im Header entsprechend gesetzt.
Die Datenmenge der zu verschlüsselnden Frames ist in der Regel viel geringer als die Datenmenge, die erforderlich wäre, wenn man die Bilder in Pixeln überträgt. Dies führt dazu, dass die E2DEVC-Darstellung auch als Pixeldaten eine geringere Datenmenge aufweist als das Originalbild. Dieser Vergleich ist in Abbildung 4.36 dargestellt. Es ist zum einen messbar, dass die

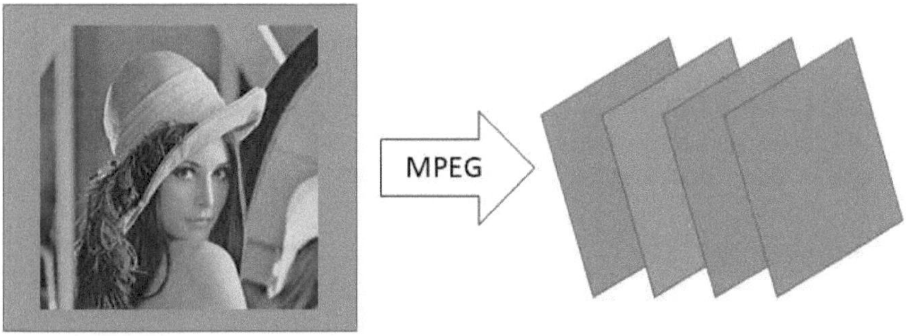

(a) Schritt 1: Umwandlung der Ausgangsdaten in MPEG Frames

(b) Schritt 2: Umwandlung eines Frames in E2DE kodierte Daten

Abbildung 4.34: Verschlüsselungsschritte

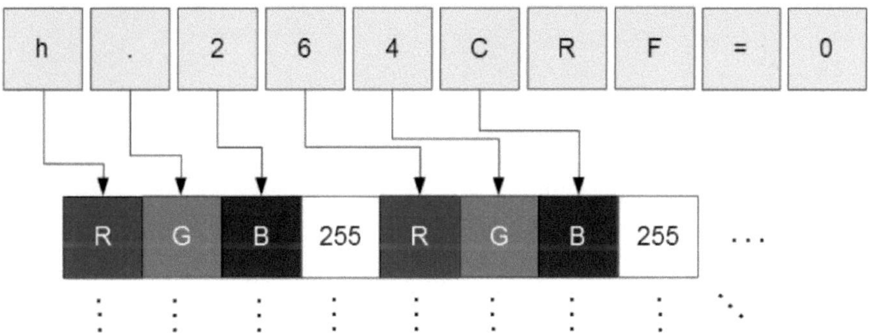

Abbildung 4.35: Darstellung der Umwandlung der Framedaten in Pixeldarstellung

Datenmenge geringer ist. Zum anderen erkennt man jedoch auch, dass die bisherige Kompression zu einem sichtbaren Qualitätsverlust führen kann. Dieser ist beim Video-Codec-Ansatz geringer, da dieser nicht nur über zweidimensionale Möglichkeiten zur Kompression verfügt, sondern auch in der dritten Dimension Einsparungen erzielen kann. Die Methode birgt jedoch auch Nachteile. So sind die übertragenen Daten anfälliger gegenüber Störungen, wie einem Mauszeiger oder anderen Überlagerungen. In Fällen in denen dies vorkommen kann, sollten die Bilder als Pixeldaten versendet werden.
Ein Ablaufdiagramm der Verschlüsselung ist in Abbildung 4.37 dargestellt.

4.3.2 Entschlüsselung

Im Unterschied zu den bisher beschriebenen E2DE-Verfahren hat die E2DEVC-Variante in der Rekonstruktion der Darstellung einige Besonderheiten. Die eigentliche Entschlüsselung verläuft wie im bisher beschriebenen E2DE-Verfahren. Das Ergebnis der Entschlüsselung ist jedoch keine Pixelgrafik, sondern ein MPEG-Frame, wie in Abbildung 4.38a dargestellt. Dieser Frame stellt im Gegensatz zu den Ergebnissen der bisherigen Entschlüsselungsresultate keine alleinstehende Pixelgrafik dar, sondern muss im Zusammenhang mit den vorher übertragenen Frames[3] betrachtet werden, um diese zu erzeugen. In Abbildung 4.38b ist dieser Schritt dargestellt. Dabei ist zu beachten, dass die Darstellung der verschlüsselten Daten geringer ist als die entschlüsselte Darstellung. Daher muss der Grafikstrom über die für die E2DE-Grafik reservierten Bereiche hinaus verändert werden.
Der Ablauf der Entschlüsselung ist in Abbildung 4.39 dargestellt.

[3]Sofern nicht nur I-Frames übertragen werden

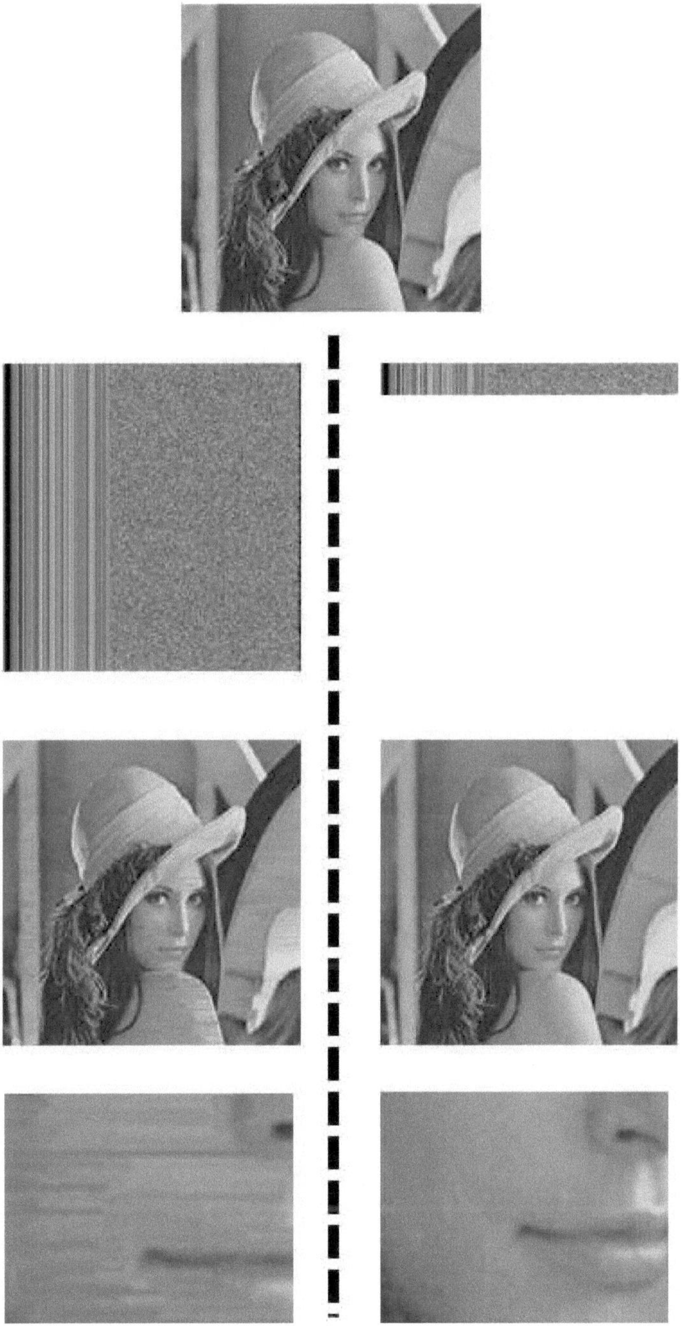

Abbildung 4.36: Vergleich der Datenmenge von E2DE (links) und E2DEVC (rechts). Die Schritte von oben nach unten: Ausgangsbild, übertragenes verschlüsseltes Bild, rekonstruiertes Bild, Detailansicht der entschlüsselten Bilder.

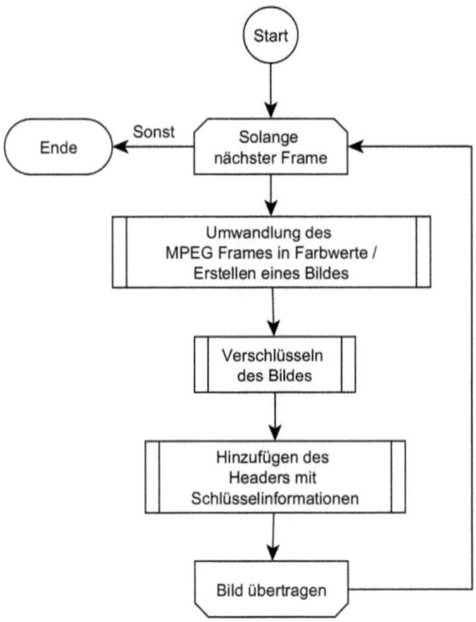

Abbildung 4.37: Ablaufdiagramm Verschlüsselung bei E2DEVC.

(a) Schritt 1: Entschlüsselung der kodierten Daten zu MPEG-Frame

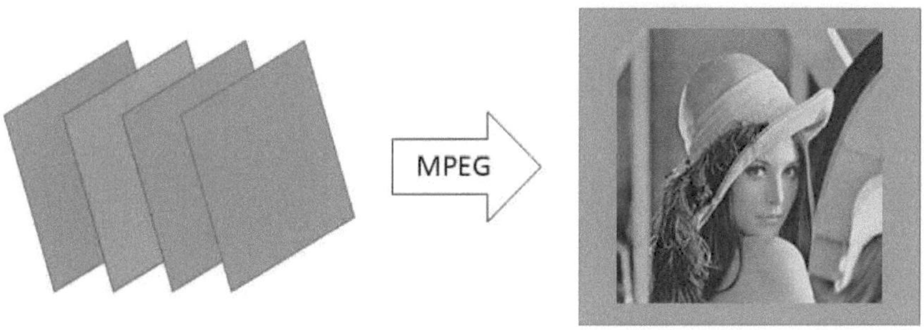

(b) Schritt 2: Rückwandlung des MPEG-Frames zu darstellbarem Bild

Abbildung 4.38: Entschlüsselungsschritte

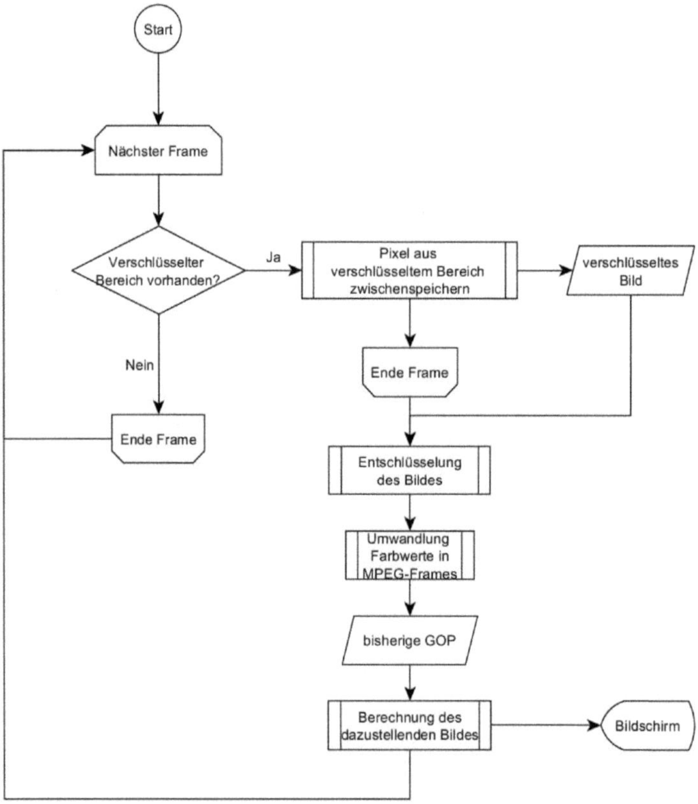

Abbildung 4.39: Ablaufdiagramm Entschlüsselung bei E2DEVC. Der Frame ist in diesem Fall der per HDMI übertragene Frame zur Darstellung auf dem Bildschirm.

4.4 Tastaturverschlüsselung KeySAR

In den Abschnitten 4.1, 4.2 und 4.3 wurde die Verschlüsselung der vom Client empfangenen Daten beschrieben. Hierbei können Informationen sicher dargestellt und nur vom berechtigten Benutzer gelesen werden. Dies kann auch bei einer geschützten Remote-Desktop- oder Terminal-Anwendung die Daten schützen, jedoch nur solange diese nicht bearbeitet werden. Möchte ein Benutzer die Daten auch bearbeiten, zum Beispiel in einer Textverarbeitung oder in einer Datenbankschnittstelle, so wird er die Daten üblicherweise per Tastatur eingeben.

Diese Eingaben können relativ leicht abgefangen werden, beispielsweise durch Hardware-Keylogger, die im Onlinehandel erhältlich sind.[4] Diese werden vom Angreifer einfach zwischen Tastatur und Computer gesteckt. Anschließend nehmen sie alle Tastatureingaben auf und können diese später wiedergeben. Ein solcher Angriff wurde zum Beispiel bei der deutschen Tageszeitung “taz” festgestellt.[5] Gleiches gilt für Software-Keylogger, die Bestandteil der meisten Trojaner sind oder als Überwachungssoftware für Unternehmen und Privatanwender angeboten werden.

Noch schwerer zu entdecken sind jedoch vorinstallierte Keylogger, sowohl als Hardware als auch als Treiber. Im Jahr 2017 gab es Meldungen,[6] dass manche HP-Laptops bereits mit vorinstallierten Treibern ausgeliefert wurden, die als Keylogger verwendet werden können.[7] Dies zeigt, dass auch die Eingaben per Tastatur kritisch sind.

Um auch diese Eingabedaten nicht-abhörbar durch die Verwendung von E2DE übertragen zu können, gibt es zwei Möglichkeiten:

1. Die erste Möglichkeit ist die Eingabe der Daten in eine Bildschirmtastatur, die häufig randomisiert neu dargestellt wird. Durch die alleinige Übertragung der Mausposition bei einer Eingabe kann der Angreifer keine Rückschlüsse auf die Information hinter dieser Position ziehen. Leider ist dieser Ansatz nicht benutzerfreundlich, da dieser sich ständig auf eine neue Tastatur einstellen muss. Eine randomisierte Bildschirmtastatur ist in Abbildung 4.40b dargestellt. Hierbei unterscheidet sich die Anordnung der Buchstaben im Vergleich zur QWERTZ-Anordnung in Abbildung 4.40a. Ein 10-Finger-Schreibsystem wäre damit nicht möglich.

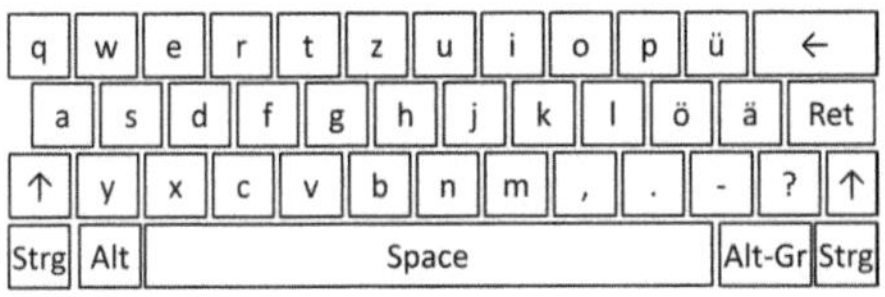

(a) Bildschirmtastatur in üblicher QWERTZ-Anordnung

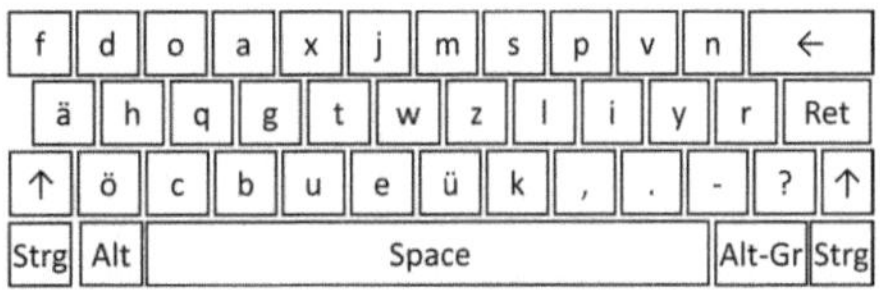

(b) Bildschirmtastatur mit randomisierter Anordnung der Buchstaben

Abbildung 4.40: Bildschirmtastaturen, QWERTZ und randomisiert

[4] `http://www.keelog.com/de/usb_hardware_keylogger.html`
[5] `http://www.taz.de/!5307828/`
[6] `https://thehackernews.com/2017/12/hp-laptop-keylogger.html`
[7] `https://support.hp.com/us-en/document/c05827409`

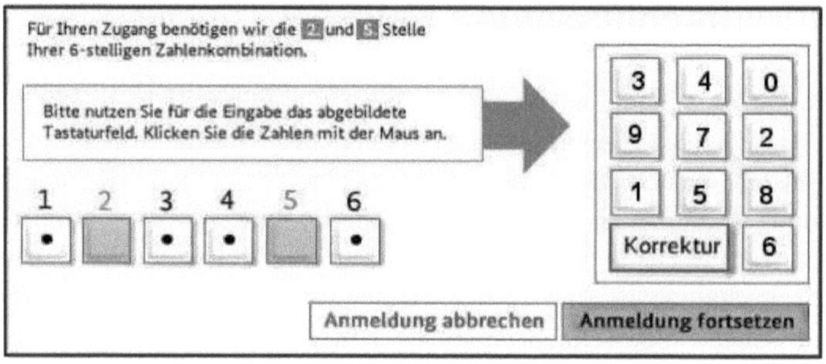

Abbildung 4.41: Randomisierte Pineingabe als Bildschirmtastatur

Abbildung 4.42: E2DE-Topologie mit KeySAR-Verschlüsselung

Daher ist dieser Ansatz zumeist nur für Pin- oder Passworteingaben sinnvoll, wie in Abbildung 4.41 dargestellt.

2. Die zweite Möglichkeit ist die Verschlüsselung der Tastatureingaben, bevor der Computer diese empfängt und sie dort von Angreifern abgegriffen werden können. Eine solche Architektur ist in Abbildung 4.42 dargestellt. Dafür sendet der Server zusammen mit den verschlüsselten Daten einen weiteren verschlüsselten Wert an den Empfänger. Dieser Wert ist Teil eines One-Time-Pads, also einer zufälligen Folge von Chiffren. Mit jedem Tastendruck ändert sich dieser Wert und wird über das aktuelle verschlüsselte Element an den Client geschickt. Der One-Time-Pad wird verwendet, um die gedrückte Taste auf der Tastatur durch eine Permutationschiffre zu verschlüsseln. Diese Möglichkeit der sicheren Eingabe ist aufgrund der erhöhten Benutzerfreundlichkeit der erstgenannten vorzuziehen. Sie ermöglicht es dem Benutzer, Daten in gewohnter Weise und in der gewohnte Geschwindigkeit einzugeben.

Der zweite Ansatz wird hier im Weiteren verfolgt und beschrieben.

4.4.1 KeySAR in E2DE

Der Ansatz einer Tastaturverschlüsselung folgt dem gleichen Prinzip wie die End-to-Display-Verschlüsselung: Dem Computer des Benutzers wird nicht vertraut. Daher dürfen keine unver-

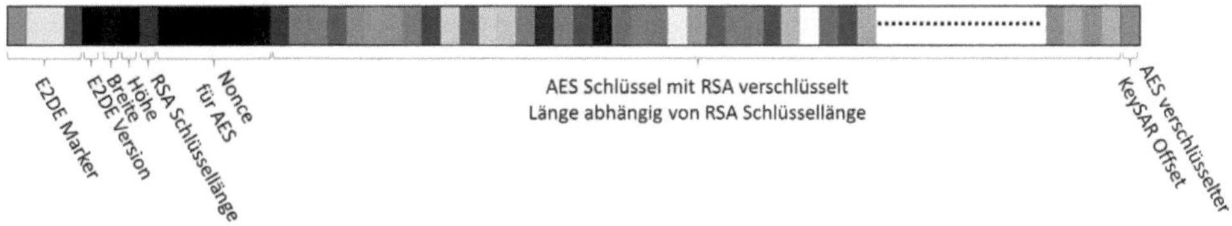

Abbildung 4.43: Aufbau der Kopfzeile der End-to-Display-Verschlüsselung mit KeySAR-Offset

schlüsselten vertraulichen Informationen auf dem Computer vorhanden, vermittelt oder weiterverarbeitet werden.
Das KeySAR-System schließt sich an das E2DE-System an. Werden zum Beispiel Sitzungsinformationen von einem Remote-Desktop an den Klienten E2DE-verschlüsselt übermittelt, so kann der Sender in einem verschlüsselten Teil der Nachricht einen Offset, dieser sollte Teil eines One-Time-Pad sein, mitschicken, wie in 4.43 dargestellt. Dieser Offset wird mit hier mit AES verschlüsselt, da durch das häufige Ändern des Wertes eine Verschlüsselung in RSA zu viel Zeit in Anspruch nehmen würde.
Der E2DE-Receiver kann nun, sofern die richtige Schlüsselkarte eingesteckt ist, diesen KeySAR-Pixel entschlüsseln und per I2C an das KeySAR-Modul übermitteln.
In Abbildung 4.44 ist der Ablauf der Kommunikation mit E2DE-Receiver und KeySAR-Modul dargestellt.

(1) Der Server sendet die verschlüsselten Daten an den Computer.

(2) Die Daten werden vom Computer an das Display gesendet.

(3) Die vom E2DE-Receiver entschlüsselten Grafiksignale werden an das Display gesendet.

(4) Der Receiver sendet den Offset an das KeySAR-Modul.

(5) Drückt der Benutzer nun eine Taste auf der Tastatur wird diese an das KeySAR-Modul übertragen, statt direkt zum Computer.

(6) Die vom KeySAR-Modul chiffrierte Tastatureingabe wird an den Computer übertragen.

(7) Der Computer leitet die Tastatureingabe weiter an den Server, der sie verarbeiten kann, da auch er den Offset kennt. Für das nächste Zeichen kann der Server nun (1) wiederholen, um einen neuen Offset und Inhalte zu senden, oder es werden weitere Tastatureingaben mit dem gleichen Offset chiffriert.

Das KeySAR-Modul ist mit dem Computer per USB verbunden und meldet sich an diesem als Tastatur (HID) an. Die Tastatur des Benutzers ist wiederum mit dem KeySAR-Modul verbunden. Wenn keine verschlüsselten Informationen auf dem Bildschirm dargestellt werden, werden die Tastatureingaben des Benutzers unverändert an den Computer weitergeleitet.

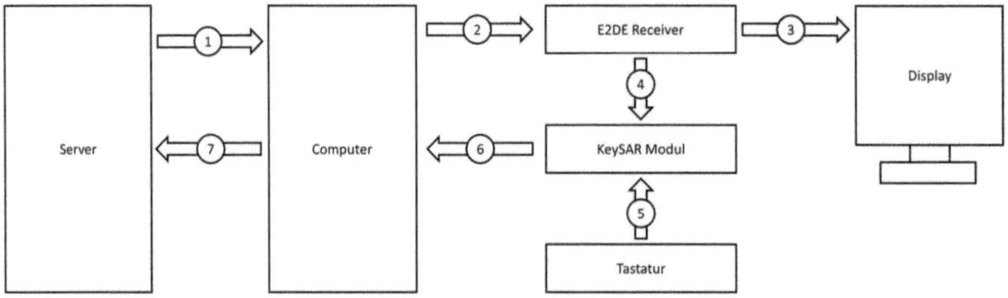

Abbildung 4.44: Darstellung des Protokollablaufs bei E2DE mit KeySAR

Erkennt der E2DE-Receiver einen KeySAR-Eintrag in den verschlüsselten Daten, kann er dem KeySAR-Modul signalisieren, dass ein neuer Offset o vorliegt. Nun beginnt das KeySAR-Modul per I2C den Offset abzurufen. Drückt der Benutzer anschließend eine Taste t eines druckbaren Zeichens auf der Tastatur, wird auf den ASCII-Wert, wie in Tabelle A.1 im Anhang ab Seite 135 dargestellt, der Offset addiert. Daher darf der Offset nicht größer als 62 sein. Liegt der berechnete Wert außerhalb des lesbaren Bereichs, wird von diesem Wert 62 subtrahiert. Dadurch werden weiterhin lesbare Zeichen übermittelt. Würde die Addition ein Steuerzeichen ergeben, würde dies möglicherweise nicht richtig übergeben und von der Empfängerseite interpretiert werden. Daher wird die Verschlüsselung auch nur auf lesbare Zeichen angewendet. Daraus ergibt sich die Umwandlungsfunktion:

$$k(t,o) := \begin{cases} (t+o) & \text{für } (t+o) < 126 \\ (t+o)-62 & \text{sonst} \end{cases} \tag{4.12}$$

Für die Dechiffrierung wird die Umkehrfunktion berechnet. Vom chiffrierten Zeichen wird der Offset subtrahiert. Ist das Ergebnis ein nicht-lesbares Zeichen, wird 62 addiert. Dies ergibt die Rücktransformationsfunktion:

$$e(k,o) := \begin{cases} (k-o)+62 & \text{für } (k-o) < 62 \\ (k-o) & \text{sonst} \end{cases} \tag{4.13}$$

Diese Konzeption wurde von Burg et al. als „Verfahren und System zur Verschlüsselung von Tastendrücken" 2015 zum Patent angemeldet. [BBP16]

Ein Beispiel dieser Chiffrierung ist in Tabelle 4.4 dargestellt. Die Eingabe wird mit dem Offset chiffriert und auf dem Server wieder dechiffriert.

Bei der Implementierung und Verwendung dieses Systems gibt es jedoch zwei Punkte zu beachten.

Zum einen kann es, je nach Laufzeit der Verschlüsselung und Datenübertragung vorkommen, dass der Offset beim Host (1) bereits geändert wurde, aber beim Tastendruck noch nicht beim KeySAR Modul angekommen ist (4). Daher würde die Eingabe mit dem falschen Wert verschlüsselt und dadurch bei der Entschlüsselungen einen falschen Wert liefern. Hier muss das System die Laufzeiten prüfen und ggf. Mechanismen vorsehen, die Synchronität wieder her-

Beispiel einer KeySAR-Chiffrierung						
Eingabe	G	e	h	e	i	m
Eingabe (Dez)	71	101	104	101	105	109
Plus Offset	10	7	35	55	0	9
Chiffre (Dez)	81	109	139→77	156→94	105	118
Chiffre (ASCII)	Q	m	M	^	i	v
Minus Offset	10	7	35	55	0	9
Dechiffre (Dez)	71	108	42→104	39→101	105	109
Ausgabe	G	e	h	e	i	m

Tabelle 4.4: Beispiel einer KeySAR-Chiffrierung

zustellen.
Zum anderen kann das E2DE- und KeySAR-System nicht erkennen welches Programm aktuell verwendet wird. Sollte ein nicht-E2DE verschlüsseltes Programm verwendet werden, jedoch der E2DE-Header und KeySAR Offset sichtbar sein, so kann es zu einer Tastaturverschlüsselung kommen, obwohl das Programm diese nicht erwartet. Hier sollte die verwendete Software beim Verlust des Fokus den Inhalt des Programms ausblenden um Irritationen des Systems zu vermeiden.

4.5 Schlüsselmanagement

Ein wichtiger Punkt bei Verschlüsselungsmethoden ist der Schlüsselaustausch. Der Sender muss den öffentlichen Schlüssel des Empfängers kennen und der private Schlüssel des Empfängers darf sonst niemandem bekannt sein. Verschiedene Methoden der Schlüsselverwaltung sind hier dargestellt.

4.5.1 Benutzerverwaltung auf Senderseite

Um einem Benutzer ein E2DE-verschlüsseltes Bild zu senden, benötigt der Sender den öffentlichen Schlüssel des Empfängers. In vielen Szenarien ist der Benutzer bereits auf dem Server als Benutzer angelegt. Ein Benutzerkonto besteht meist aus Benutzername, Passwörtern und Rechten. Diese Datenfelder müssen nun um den öffentlichen Schlüssel des Benutzers erweitert werden. Die Eintragung kann vom Systemadministrator vorgenommen werden.
Durch diesen Eintrag in der Benutzerverwaltung kann der Administrator sicherstellen, dass der einzige Betrachter der mit diesem öffentlichen Schlüssel verschlüsselten Daten dieser bestimmte Benutzer oder ein bestimmtes Gerät ist.

4.5.2 Smartkarten

Um die E2DE-Verschlüsselung an einen Benutzer zu binden, benötigt der Benutzer eine Möglichkeit, seinen Schlüssel mitnehmen zu können. Dies ist am einfachsten über eine Smartkarte

möglich. Findet der E2DE-Receiver den Ciphertext, so kann er diesen an die Smartkarte übergeben, diese berechnet den Klartext und gibt ihn zurück zum Receiver. Dies bietet den Vorteil, dass der Schlüssel selbst nie nach außen gegeben wird. Eine solche Einbringung in die Smartkarte kann durch eFuses[8] permanent und nicht auslesbar hergestellt werden.
Auch die Verwendung von Speicherkarten ist möglich, dann wäre jedoch der Schlüssel auch für andere auslesbar und könnte so kopiert werden. Zudem müsste dann der E2DE-Receiver diesen Schlüssel auch verarbeiten können. Ist neben dem privaten Schlüssel auch die Verschlüsselungsmethode auf der Karte hinterlegt, so kann diese auch geändert werden, sollte zum Beispiel statt RSA eine elliptische Kurve verwendet werden.

4.5.3 Gerät-gebundener Schlüssel

Alternativ zu einem benutzergebundenen Schlüssel kann der öffentliche Schlüssel des E2DE-Receivers verwendet werden. Hier kann entweder der Receiver einem Benutzer zugeordnet sein, also in der Benutzertabelle eingetragen werden, oder es muss eine zusätzliche Instanz eingeführt werden, die es erlaubt, einen Receiver auszuwählen.
Dieser gerätegebundene Schlüssel ermöglicht es nun dem Anbieter zwar nicht sicherzustellen, dass nur der Benutzer derjenige ist, der sich anmeldet. Dafür kann der Anbieter aber sicherstellen, dass der Ort, an dem die Daten abgerufen wurden, bekannt ist. Dies kann in Szenarien sinnvoll sein, in denen nur berechtigte Personen einen Zugriff auf den Rechner mit dem eingetragenen Receiver haben. Damit ist sichergestellt, dass kein Rechner außerhalb des berechtigten Bereiches auf die Daten zugreifen kann.

4.5.4 Hybride Bindung

In der Kombination aus gerätgebundenem und personengebundenem Schlüssel liegt wohl das höchste Maß an Sicherheit. So kann der E2DE-Receiver den Ciphertext erst mit seinem privaten Schlüssel entschlüsseln und anschließend der Smartkarte weitergeben, die wiederum den Ciphertext mit ihrem privaten Schlüssel entschlüsselt. Diese Kombination ermöglicht es dem Rechteverwalter, sicherzugehen, dass Daten nur von bestimmten Personen gelesen werden, wenn sie sich an bestimmten Orten befinden.

4.5.5 Schlüsselaushandlung

Es kann Szenarien geben, in denen es nicht zwingend erforderlich ist, dass der Benutzer selbst bekannt ist, sondern nur sichergestellt werden soll, dass die Nachricht nicht abgehört wird. Dies ist ein vergleichbarer Ansatz wie bei TLS aus Abschnitt 3.1. Dieser nutzt den Diffie-Hellman Schlüsselaustausch wie in Abschnitt 2.1.6 dargestellt.
Dieser Ansatz kann auch mit E2DE und KeySAR umgesetzt werden. Dies ist in Abbildung 4.45 dargestellt. In Schritt (1) wählt sich der Server eine große zufällige Primzahl p, eine Zufallszahl g und eine geheime Zahl b. Diese verkündet er in einem Bild zusammen mit seinem öffentlichen Schlüssel $B = g^b \mod p$, das in (2) an den Computer des Client geschickt wird.

[8] Durch eine hohe Spannung permanent durchgebrannte Sicherung, die dadurch als nicht-änderbarer Speicher agiert.

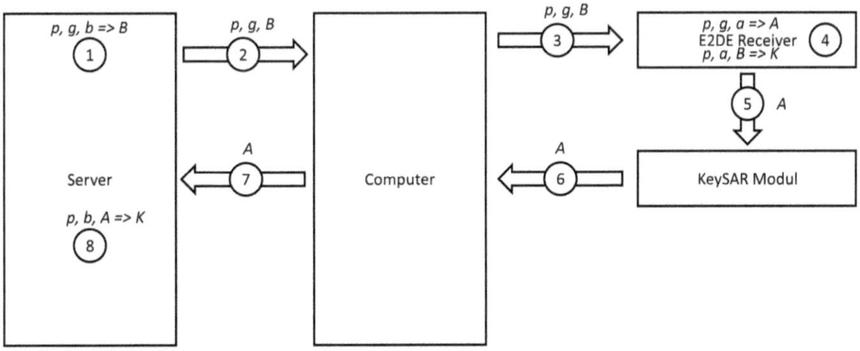

Abbildung 4.45: Schlüsselaushandlung mit E2DE und KeySAR

Das Bild wird als Teil einer Webseite mit Formular übertragen, in dem später auch die Rückantwort eingetragen werden kann, dies ist in Abbildung 4.46 dargestellt. (3) Der Computer des Clients übergibt das Bild an den Monitor zur Darstellung.
Der E2DE-Receiver in (4) erkennt das Schlüsselaushandlungsbild und startet seinen Teil der Aushandlung, indem er sich sein Geheimnis a überlegt und mit den öffentlichen Zahlen verrechnet, um seinen öffentlichen Schlüssel A zu erstellen. Aus seinem privaten Geheimnis a und den übergebenen Werten kann er den gemeinsamen Schlüssel $K = B^a \mod p$ berechnen. (5) Der öffentliche Schlüssel A wird nun an das KeySAR-Modul übergeben. (6) Das KeySAR-Modul tippt nun in ein dafür bereitgestelltes Formular das Ergebnis ein. (7) Diese Eingaben werden vom Client an den Server gesendet, (8) der nun aus dem öffentlichen Schlüssel A und den ihm bekannten Werten b, p den gemeinsamen Schlüssel $K = A^b \mod p$ berechnen kann.

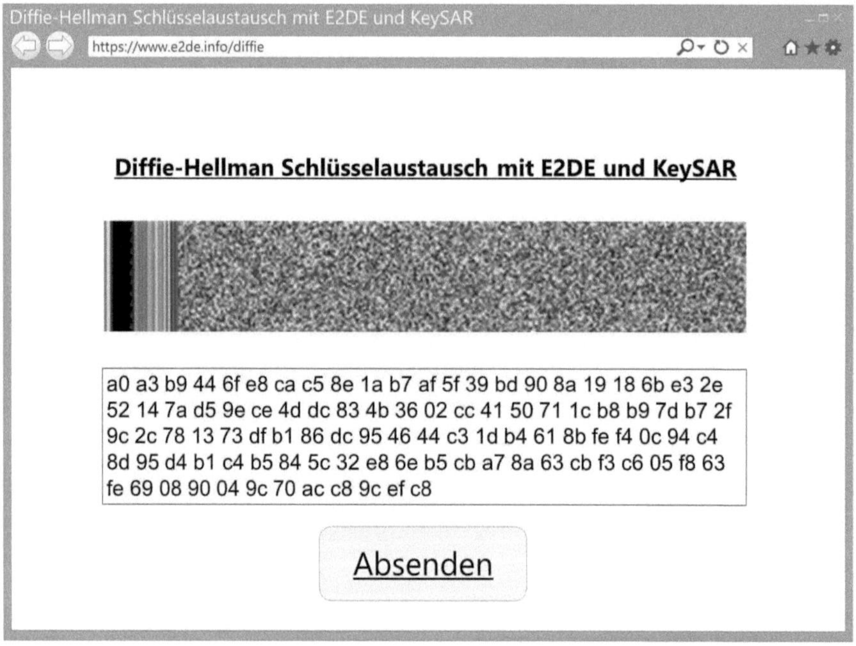

Abbildung 4.46: Möglicher Aufbau einer Webseite zum Diffie-Hellman-Schlüsselaustausch per E2DE und KeySAR

5 Umsetzungen und Ergebnisse

Die im Konzeptionskapitel (Kapitel 4) vorgestellten Techniken lassen sich in zwei Teile unterteilen: die Verschlüsselung und die Entschlüsselung. Diese Teile haben unterschiedliche Anforderungen wenn es um die Umsetzung und Bewertung geht. Bei der Verschlüsselung ist insbesondere die Geschwindigkeit entscheidend. Je schneller verschlüsselt werden kann, desto flüssiger kann die Darstellung erfolgen.
Es wurde eine Software entwickelt, die die Ver- und Entschlüsselung prüfen sowie Testbilder erzeugen kann. Diese wird im nächsten Abschnitt dargestellt. Anschließend werden die Umsetzungen auf Server- bzw. Verschlüsselungsseite besprochen und im darauffolgenden Abschnitt die Umsetzungen auf Client- bzw. Entschlüsselungsseite. Der letzte Abschnitt dieses Kapitels bespricht mögliche Angriffsszenarien und Schwachstellen der End-to-Display-Verschlüsselung.

5.1 Software Implementierung

Um die Ver- und Entschlüsselung zu testen, wurde zuerst ein Testwerkzeug entwickelt. Die Oberfläche des Tools ist in Abbildung 5.1 dargestellt.
In der Oberfläche können die folgenden Werte eingestellt werden:

AES Key Der zu verwendende AES-Schlüssel.

OTP Key Das One-Time-Pad Key. Dieses kann als Passwort auf einen Chip eingebrannt werden.

AES Seed Der Startwert des AES-Counters.

RSA Exponent Der öffentliche Exponent des RSA-Schlüssels.

RSA Private Key Der private Teil des RSA-Schlüssels.

RSA Module Der bekannte RSA-Moduloteil des RSA-Schlüssels.

Versionsauswahl Auswahl zwischen den 6 möglichen Kombinationen.

Die möglichen Versionskombinationen sind:

V1 Die Vollbildverschlüsselung aus Abschnitt 4.1. Zur Verschlüsselung werden der angegebene RSA- und AES-Schlüssel verwendet.

V2 Die linienbasierte Verschlüsselung aus Abschnitt 4.2. Zur Verschlüsselung werden der angegebene RSA- und AES-Schlüssel verwendet.

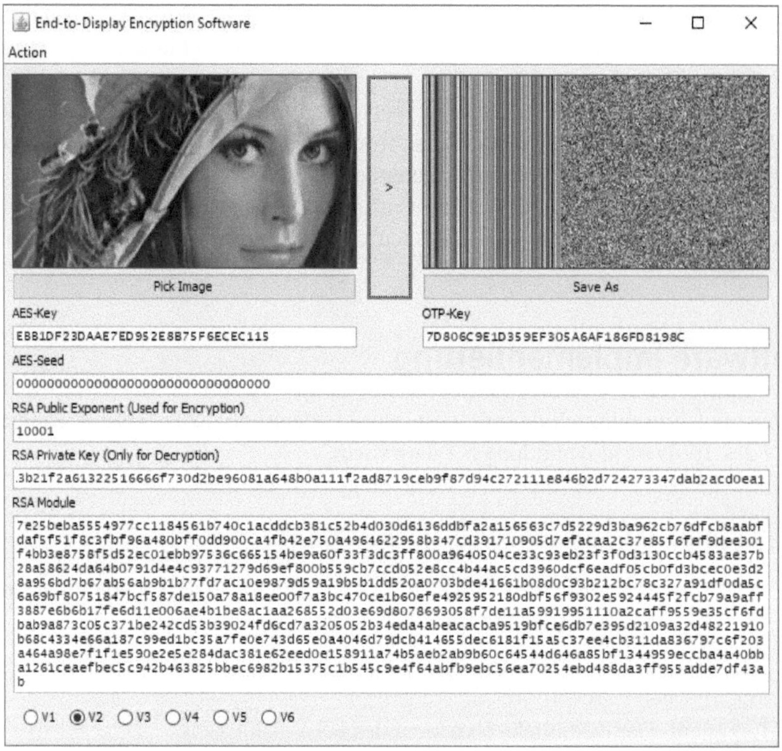

Abbildung 5.1: Oberfläche der E2DE-Software zur Erstellung und zum Testen von verschlüsselten Bildern

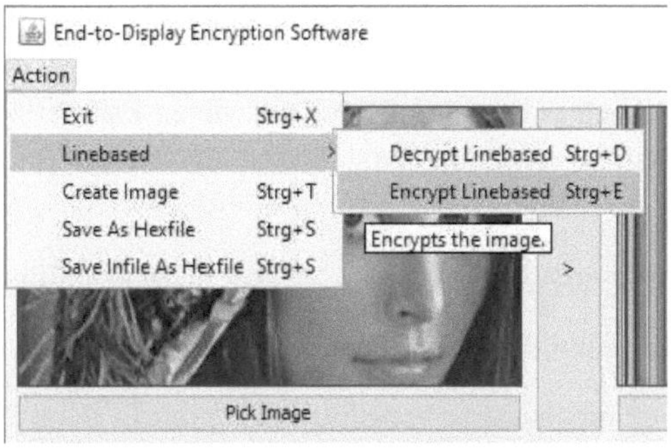

Abbildung 5.2: Menü der E2DE-Software

V3 Unverschlüsselte Übertragung des Bildes, jedoch mit Übertragung des KeySAR-Offset.

V4 Vollbildverschlüsselung wie V1, jedoch wird zusätzlich der OTP-Schlüssel verwendet.

V5 Linienbasierte Verschlüsselung wie V2, jedoch wird zusätzlich der OTP-Schlüssel verwendet.

V6 Wie V3, jedoch mit OTP.

Die Software bietet zudem die Möglichkeit, die Bilder nicht nur zu ver- und entschlüsseln, sondern auch die Bilder als Hexadezimalwerte abzuspeichern. Diese werden in den Testbenches der Hardwaresimulation verwendet. Zudem kann ein Bild erzeugt werden, das einen gegebenen Text enthält. Diese Optionen sind in Abbildung 5.2 dargestellt.

5.2 Verschlüsselung

In diesem Kapitel werden die Verschlüsselungsmethoden in Bezug auf Zeit, Qualität und Speicherplatz verglichen.

5.2.1 Versuchsaufbau

Für die Bewertung der Verschlüsselung wurde eine Umsetzung in der Programmiersprache Java durchgeführt. Alle Tests wurden auf einem Windows 10 64 Bits PC mit Intel i7-2600 CPU mit 3.40GHz und 8GB Ram durchgeführt.
Die Quellen der zu verschlüsselnden Bilddaten können vielfältig sein. Diese werden in Abschnitt 5.2.3 genauer beleuchtet.
Die Tests werden mit einem erstellten Bilderset durchgeführt, das in den Abbildungen A.1, A.2, A.3, A.4 und A.5 ab Seite 137 im Anhang dargestellt ist. In Tabelle A.2 auf Seite 136 im Anhang sind die Daten zu den jeweiligen Bildern angegeben. Alle Testbilder liegen als PNG-Dateien vor und werden verschlüsselt ebenfalls als solche gespeichert.

Die Bilder stellen verschiedene Szenarien dar. Zu diesen gehören vollfarbige Grafiken, Desktopanwendungen, Texte und Textverarbeitungen. Für die Auswertung werden diese in zwei Kategorien unterteilt: große und vollfarbige Bilder mit vielen Farbverläufen und feinen Details (`4c`) und Bilder aus Office-Anwendungen und Textverarbeitungen (`office`).
Bei der Entschlüsselung kann die Qualität der Verschlüsselung und somit auch der Kompression bewertet werden.
Getestet werden vier E2DE-Verschlüsselungsvarianten für Einzelbilder. Diese sind:

v1 Die Vollbildverschlüsselung, wie in Abschnitt 4.1 dargestellt.

v2-epik Die linienbasierte Verschlüsselung mit EPiK, wie in Abschnitt 4.2.2 dargestellt. Als Metrik wird die euklidische Distanz verwendet.

v2-bitreduce Eine linienbasierte Verschlüsselung, bei der die Kompression durch die Reduktion der LSB erreicht wird.

v2-gif Eine linienbasierte Verschlüsselung, bei der die Kompression durch die Reduktion des Farbraums erreicht wird, vergleichbar mit der GIF-Webpalette. [BB16b]

Ziel dieser Tests ist es, die zeitlichen Anforderungen und Qualitätseinbußen der `v2-epik` in Relation mit anderen Methoden zu setzen. Die `v1` ist hier die Baseline, mit der Verglichen werden kann um den Einfluss der Kompressionen zu bewerten. Die beiden Methoden `v2-bitreduce` und `v2-gif` stellen zwei bekannte Methoden dar um eine Kompression zu erreichen, die in diesem Fall gut anwendbar sind.
Die Verschlüsselung für Bewegtbilder aus Abschnitt 4.3 wird in dieser Umsetzung nicht betrachtet, da sie sich vom grundsätzlichen Aufbau zu sehr von den Einzelbildern unterscheidet, was einen Vergleich nahezu unmöglich macht.
Die Ausgangsbilder A werden geladen, verschlüsselt und als verschlüsselte Bilder C gespeichert. Anschließend werden die Dateien wieder entschlüsselt und unverschlüsselt als Bilder E gespeichert. Zur Qualitätsmessung kann nun der Fehler zwischen dem Ausgangsbild A und dem Ergebnis E berechnet werden. Hierzu werden zwei Metriken verwendet. Der Root-Means-Square Error (kurz: RMSE), in Formel 5.1 dargestellt. [Bar92]

$$RMSE := \sqrt{\frac{\sum_{i=0}^{N}(R(A_i)-R(E_i))^2+(G(A_i)-G(E_i))^2+(B(A_i)-B(E_i))^2}{N}} \tag{5.1}$$

Wobei N die Anzahl der Pixel im Bild angibt.

Und das Signal-Rausch-Verhältnis (engl.: Signal to Noise Ratio, kurz: SNR), in Formel 5.2 nach [SU03] dargestellt in der Einheit db.

$$SNR := 10 \cdot \log_{10} \frac{\sum_{i=0}^{N} l(A_i)^2}{\sum_{i=0}^{N}(l(A_i)-l(E_i))^2} \tag{5.2}$$

Mit der Luminanzfunktion l für Pixel P in 5.3.

$$l(P) = 0.2126 \cdot R(I) + 0.7152 \cdot G(I) + 0.0722 \cdot B(P) \tag{5.3}$$

Durchschnittswerte nach Verschlüsselungsmethoden (kombiniert)				
Methode	**Zeit (ms)**	**RMSE**	**SNR (dB)**	**Dateigröße (kB)**
v1	197,02	0,00	∞	4215,74
v2-epik	439,10	0,859	64,405 (9 ∞)	3663,47
v2-bitreduce	430,92	7,277	36,934	4215,74
v2-gif	423,79	20,869	25,236	3663,47

Tabelle 5.1: Vergleich der Durchschnittswerte nach Verschlüsselungsmethoden (kombiniert)

Durchschnittswerte nach Verschlüsselungsmethoden (für 4c Bilder)				
Methode	**Zeit (ms)**	**RMSE**	**SNR (dB)**	**Dateigröße (kB)**
v1	296,69	0,00	∞	4553,75
v2-epik	700,39	2,491	44,875 (2 ∞)	3495,89
v2-bitreduce	691,37	1,799	43,875	4023,39
v2-gif	659,09	26,734	20,597	3960,87

Tabelle 5.2: Vergleich der Durchschnittswerte nach Verschlüsselungsmethoden (für `4c` Bilder)

Bei der RMSE-Bewertung ist ein positiver, niedriger Wert gut, das Optimimum ist 0.0. Anders bei der SNR, hier ist ein hoher db-Wert gut. Als Richtwert für die Bewertung kann der Richtwert der ISO 12232 [ISO06a] genommen werden, die alles mit einer SNR über 32.04 dB als exzellente Bildqualität bewertet und alles mit einer SNR über 20 dB als akzeptable Bilqualität einstuft. Das Optimum ist hier undefiniert, da der Teiler in diesem Fall 0 ergeben würde. Im Folgenden werden diese perfekten Bildqualitäten als ∞ dargestellt.

5.2.2 Ergebnisse

Für die Bewertung der Tests wurden die Bilder in die zuvor genannten Gruppen `4c` (9 Bilder) und `office` (20 Bilder) unterteilt. Dabei wurden jeweils die vier genannten Verschlüsselungen durchgeführt und wieder entschlüsselt, um die Ergebnisse mit den Ursprungsbildern zu vergleichen. Diese Tests werden zehnmal wiederholt und hier als Mittelwert dieser zehn Durchläufe dargestellt. Dies soll Schwankungen der Rechenleistung ausgleichen, die z.B. das Ausführen von Hintergrundprozessen entstehen.
Die Tabellen mit allen Ergebnissen sind ab Seite 142 dargestellt.
Die zusammenfassenden Ergebnisse sind in Tabelle 5.1 dargestellt. In Tabelle 5.3 und 5.2 werden jeweils nur die beiden Gruppen betrachtet.

5.2.2.1 Verschlüsselungszeit

Es zeigt sich in Bezug auf die Verschlüsselungszeit, dass die `4c` Bilder deutlich mehr Zeit benötigen als die `office` Bilder. Dies liegt zum einen an der Größe der Bilder, zum anderen auch an der Komplexität der Grafiken. Während `office` Bilder meist gleichförmig und gleichfarbig sind, dadurch kann die Kompression schneller ein passendes Ergebnis erzeugen.

Durchschnittswerte nach Verschlüsselungsmethoden (für `office` Bilder)				
Methode	**Zeit (ms)**	**RMSE**	**SNR (dB)**	**Dateigröße (kB)**
v1	152,18	0,00	∞	4063,64
v2-epik	321,52	0,124	74,921 (7 ∞)	3738,88
v2-bitreduce	313,73	9,742	33,811	4302,30
v2-gif	317,90	18,230	27,324	3529,64

Tabelle 5.3: Vergleich der Durchschnittswerte nach Verschlüsselungsmethoden (für `office` Bilder)

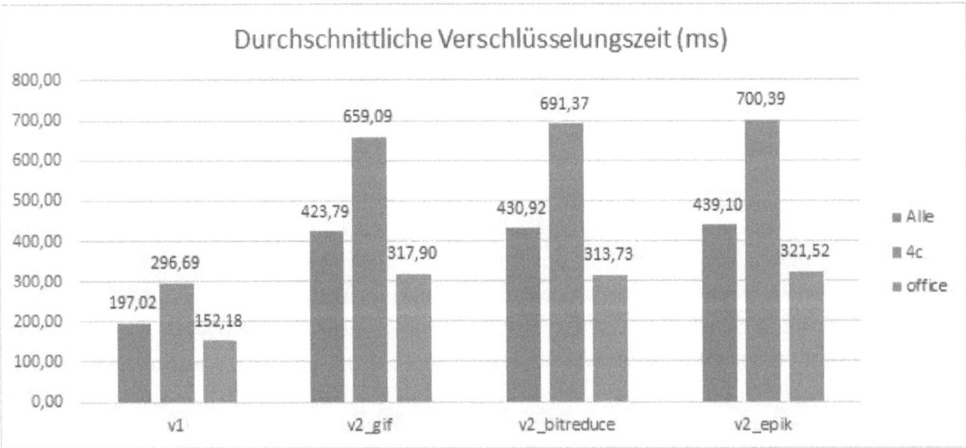

Abbildung 5.3: Benötigte Zeit zur Verschlüsselung mit den einzelnen Methoden. Blau: Alle Bilder, orange: `4c` Bilder, grau: `office` Bilder

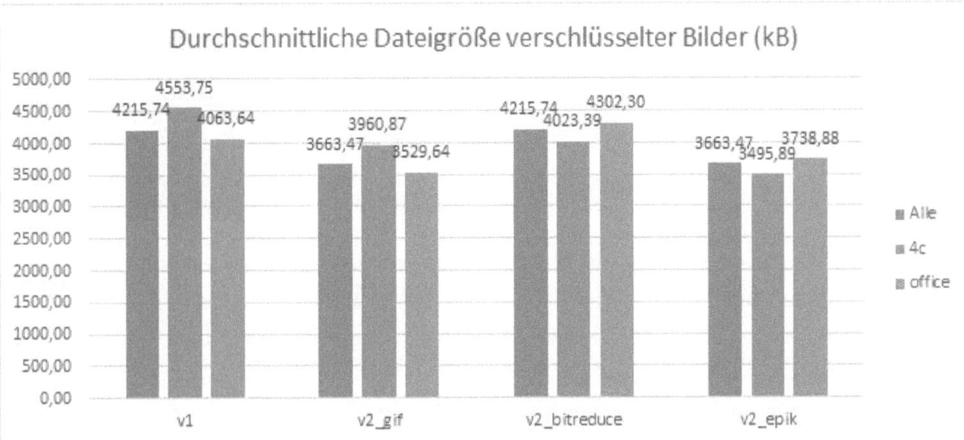

Abbildung 5.4: Dateigröße der verschlüsselten Bilder nach einzelnen Methoden, Angabe in kB. Blau: Alle Bilder, orange: `4c` Bilder, grau: `office` Bilder

Die linienbasierten Verschlüsselungen weichen sowohl bei der Gesamtschau als auch bei den beiden Untergruppen kaum voneinander ab. Sie benötigen ungefähr die doppelte Zeit im Vergleich zur `v1`. Dies lässt sich auf die Kompression zurückführen.
Die Zeit ist jedoch nur eine implementierungsabhängige Messung, sie hängt stark von der verwendeten Hardware ab und auch von der Implementierung der Algorithmen. Darum werden in den nächsten Abschnitten Metriken betrachtet, die nur auf den Bilddaten beruhen und nicht durch die verwendete Hard- und Software beeinflusst werden.

5.2.2.2 Dateigrößen

Alle Ausgangsbilder, verschlüsselten Bilder und Ergebnisbilder sind im PNG-Format gespeichert. Es wird nun die Dateigrößen der verschlüsselten Bildern betrachtet.
In Abbildung 5.4 sind die Dateigrößen dargestellt. Es zeigt sich, dass die `v1`-Methode in der Gesamtheit die größten Dateien erzeugt, wobei bei den `office` Bildern die `v2-bitreduce`-Methode die größeren Dateien erzeugt. Für die `v1`-Methode kann die PNG-Kompression nicht viel Reduktion erzeugen. Dies ist bei den meisten `v2`-Methoden anders, da hier die Header teilweise redundant sind und daher komprimiert werden können. Zudem können, gerade bei gleichförmigen Bildern, durch die Anwendung der `v2`-Methoden "schwarze" Bereiche entstehen, die ebenfalls gut komprimiert werden können. Diese schwarzen Bereiche entstehen, wenn trotz Berücksichtigung des Qualitätserhalts mehr Pixel komprimiert werden können als für den Header benötigt werden.
Beispielhaft ist in Abbildungen 5.5 die Verschlüsselung eines sehr gleichförmigen Bildes dargestellt. Auf der linken Seite ist das unverschlüsselte Bild, in der Mitte das mit der `v2-epik` Methode verschlüsselte Bild und auf der rechten Seite das mit der `v2-gif` Methode verschlüsselte Bild dargestellt. Bei dem Ergebnis der `v2-gif` Verschlüsselung ist eine starke Reduktion des Platzbedarfes sichtbar, da diese durch auffüllen von schwarzen Pixel ausgeglichen wird.

Abbildung 5.5: Darstellung der durch die Kompression enstehenden schwarzen Bereiche. Links: unverschlüsselt, Mitte: `v2-epik`-verschlüsselt, Rechts: `v2-gif`-verschlüsselt.

Das Fehlen dieses schwarzen Bereiches bei der `v2-epik` Methode resultiert daraus, dass die Kompression von `v2-epik` beendet wird, wenn genug Pixel reduziert wurden. Bei der `v2-gif` Methode werden jedoch alle Pixel, die in den gleichen Farbbereich fallen, zusammengefasst. Daraus ergibt sich ein großer Vorteil für die Dateigröße bei der Kompression des zu übertragenden Bildes.

Insgesamt sind die `v2`-Methoden, die `v2-gif`-Methode und die `v2-epik`-Methode die Methoden mit der geringsten Dateigröße im Durchschnitt über alle getesteten Bilder hinweg. Bei den `office` Bildern ist die `v2-gif`-Methode die mit der geringeren Dateigröße. Bei den `4c` Bildern spart die `v2-epik`-Methode mehr Daten ein. Die `v2-gif`-Methode geht jedoch mit großem Qualitätsverlust einher, wie im nächsten Abschnitt 5.2.2.3 dargestellt wird.

Ein Vorteil der linienbasierten Verschlüsselung ist es, dass nur diese geänderten Zeilen übertragen werden müssen, wenn sich nur Teile des Bildes ändern. Dies ist insbesondere bei den `office` Bildern von Vorteil. So müsste hier bei `v1` zur Erhaltung der Sicherheit ein neues Vollbild übertragen werden.

Als Beispiel betrachten wir zwei aufeinander aufbauende Excel-Bilder, die in Abbildung 5.6 dargestellt sind.

Die Änderungen betreffen in diesem Fall nur die Statusleiste, die Formelzeile und Teile des Inhaltes, also nur ca. 150 der 768 Zeilen. Das Vollbild zu übertragen benötigt ca. 3 MB an Pixel-Daten, nur die Änderung in der linienbasierten Version zu übertragen benötigt in diesem Fall nur ca. 800 kB. Das entspricht einer Einsparung von 74%.

5.2.2.3 RMSE- und SNR-Betrachtung

In der RMSE-Betrachtung werden die entschlüsselten Bilder mit den Ausgangsbildern verglichen. Auf Pixelbasis wird dabei der Fehler berechnet. Je größer der RMSE-Wert ist, desto mehr Fehler sind bei der Kompression, Verschlüsselung und Entschlüsselung entstanden. Die Ergebnisse sind in Abbildung 5.7 dargestellt.

Bei der Verschlüsselung mit `v1` findet keine Kompression statt. Daher ensteht auch kein Qualitätsverlust. Dies führt dazu, dass der RMSE-Wert immer 0 ist.

Bei allen Methoden, die Kompression verwenden, fallen Qualitätsverluste an. Hier liefert die `v2-epik`-Methode die besten Ergebnisse, sowohl kombiniert, als auch in den einzelnen Werten mit Ausnahme der `4c` Bilder, hier hat die `v2-bitreduce`-Methodik die besseren Ergebnisse erzielt. Jedoch liegen auch hier die Werte der `v2-epik` weit unter den Werten von `v2-gif`.

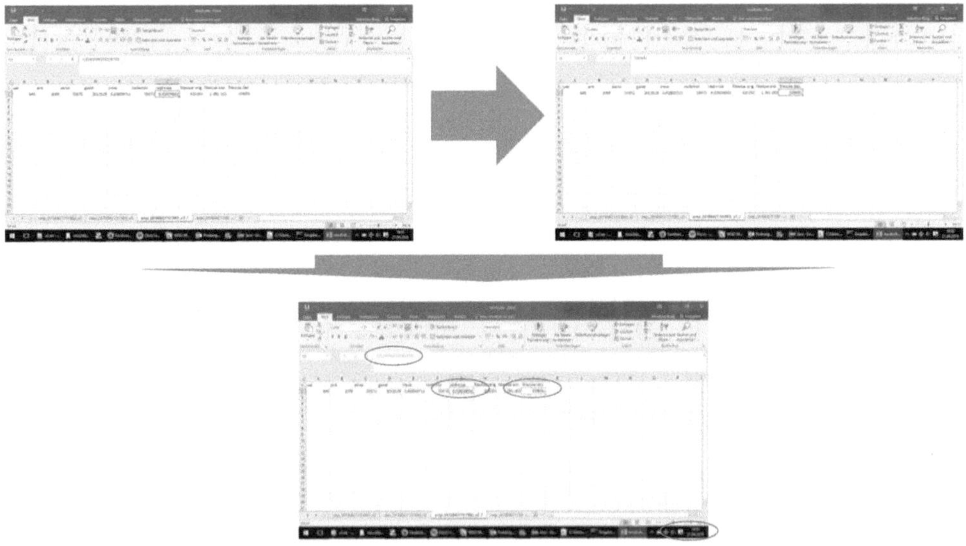

Abbildung 5.6: Zwei aufeinander aufbauende Excel-Grafiken mit dargestellten Unterschieden. Die Unterschiede sind rot markiert.

Bei der Betrachtung der SNR ist wiederum ein hoher Wert besser. Diese Werte sind in Abbildung 5.8 dargestellt.
Wie bereits bei der RMSE hat hier die `v1`-Methode den idealen Wert, hier als ∞ dargestellt. Ebenfalls erzielt die `v2-epik`-Methode wiederum die besten Werte, mit Ausnahme der `4c` Bilder, bei dem die `v2-bitreduce`-Methode einen etwas besseren Wert erreicht. Jedoch ist darauf hinzuweisen, dass die `v2-epik` hier bei zwei Bildern das perfekte Ergebnis ∞ darstellen konnte. Allgemein war dies, abgesehen von den Verfahren `v1`, nur der `v2-epik` möglich. Bei insgesamt 8 der 29 Bilder war das Ergebnis ∞.
Diese Werte zeigen, dass bei der Verschlüsselung und Kompression die Reduktion der Bildqualität in einem Rahmen bleibt, der dem Benutzer weitgehend ein ungestörtes Arbeiten ermöglicht – und zwar ohne durch den Zugewinn an Sicherheit zu große Einschnitte verkraften zu müssen.

5.2.2.4 Einfluss der Metriken und Farbstrategie

Die Ergebnisse der Qualitätsmetriken hängen stark von der gewählten Farbstrategie und auch von der Metrik der Distanzberechnung ab. Die Farbstrategie ist die Methodik, nach der die Farben beim Zusammenfassen von Pixel-Paaren gebildet werden. In den oben dargestellten Versuchen wurde immer der Farbwert des ersten Pixel-Paares beibehalten. Dies kann dazu führen, dass die Farbe, die bei der Dekompression wiederholt wird, sich immer weiter von der Farbe des originalen Pixels entfernt. Eine alternative Farbstrategie ist es, eine neue Farbe anhand der beiden vorhandenen Farben und der Anzahl der repräsentierten Pixel je Pixel-Paar (gewichtete Mischung) zu bilden. Eine weitere Methode wäre die Verwendung des Farbwer-

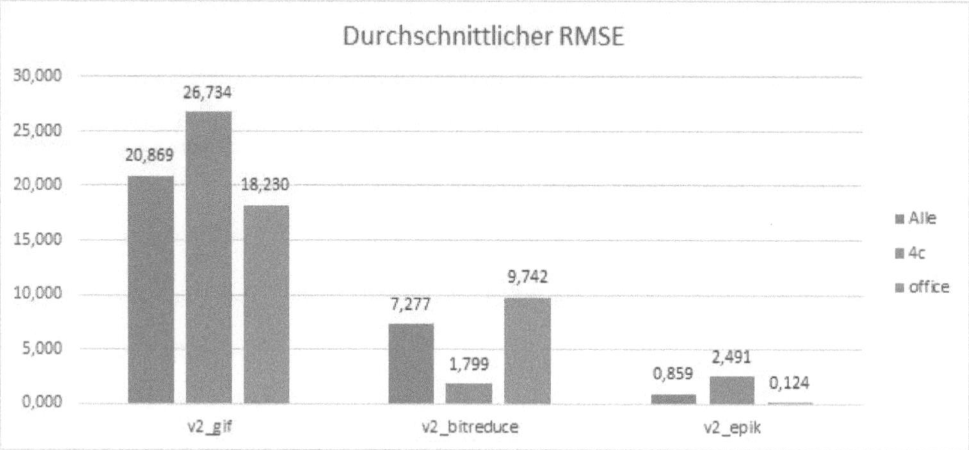

Abbildung 5.7: RMSE der verschlüsselten Bilder nach einzelnen Methoden. Blau: Alle Bilder, orange: `4c` Bilder, grau: `office` Bilder

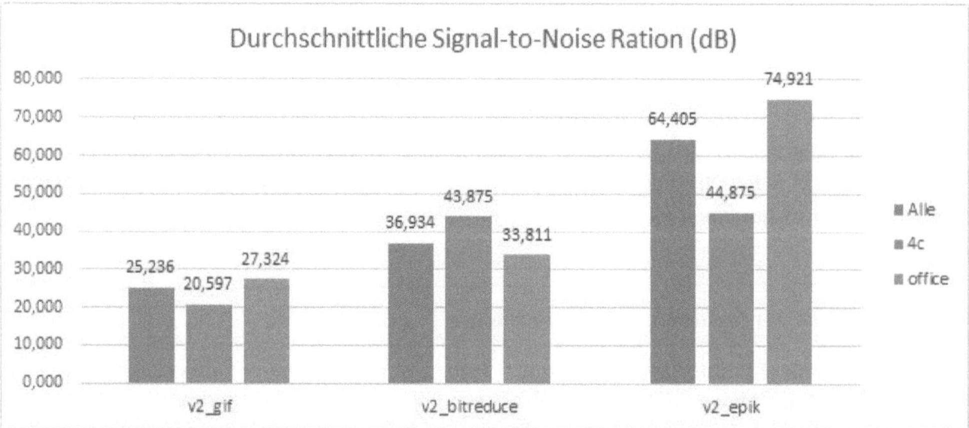

Abbildung 5.8: SNR der verschlüsselten Bilder nach einzelnen Methoden. Blau: Alle Bilder, orange: `4c` Bilder, grau: `office` Bilder

RMSE Bewertung der unterschiedlichen Farbstrategien			
Bildgruppe	*RMSE*		
	gewichtete Mischung	Farbe erstes *PP*	Farbe zweites *PP*
Alle	0,658	0,867	0,879
office	0,117	0,129	0,130
4c	1,861	2,507	2,546

Tabelle 5.4: RMSE Bewertung der unterschiedlichen Farbstrategien

Bewertung der Distanzmetriken			
Bildgruppe	*RMSE*		
	euklidische Distanz	Manhattan Distanz	Luminanz Distanz
Alle	0,867	0,883	1,024
office	0,129	0,128	0,157
4c	2,507	2,561	2,950

Tabelle 5.5: Bewertung der Distanzmetriken

tes des zweiten Pixel-Paares. Diese drei Farbstrategien wurden an den bekannten Testbildern getestet und mit der RMSE-Metrik bewertet. Die Ergebnisse sind in Tabelle 5.4 dargestellt. Es ist zu sehen, dass die gewichtete Mischung die besten Werte ergibt. Der Tausch der Farben hingeben bringt kaum einen Unterschied in der Qualität.
Für die Distanzmetriken wird in den genannten Beispielen bisher immer die euklidische Distanz verwendet. Eine ähnliche Distanzmetrik wäre die Manhattan Metrik [Kra75], die wie folgt definiert ist:

$$d(a,b) = \sum_i |a_i - b_i| \tag{5.4}$$

Angewendet auf RGB-Farbwerte lautet die Formel dementsprechend:

$$d(p_1,p_2) = |r(p_1) - r(p_2)| + |g(p_1) - g(p_2)| + |b(p_1) - b(p_2)| \tag{5.5}$$

Zum Vergleich wurde eine Distanzmetrik auf Basis der Luminanz erstellt, die auch bereits für die Signal-to-Noise Ratio verwendet wurde. Diese wird berechnet durch die Formel:

$$Y = 0.2126R + 0.7152G + 0.0722B \tag{5.6}$$

Als Distanz wird die Differenz der Luminanz der beiden Pixel im Pixel-Paar verwendet.

$$\Delta Y = |Y(p_r) - Y(p_l)| \tag{5.7}$$

In der Tabelle 5.5 sind die RMSE-Werte für die drei Distanzmetriken euklidische Distanz, Manhattan-Distanz und Luminanz-Distanz dargestellt. Es zeigt sich, dass die euklidische und Manhattan-Distanz nur einen geringen Unterschied produzieren. Die Luminanz-Distanz produziert schlechtere Ergebnisse im Vergleich zu den RMSE-Werten der euklidischen bzw. Manhattan-Distanz.

5.2.3 Anwendungen

Die Verschlüsselung wurde neben der Evaluierung auf Qualität und Geschwindigkeit auch in einige Anwendungen implementiert, die zeigen, wie die Verschlüsselung im Alltag verwendet werden kann. Darüber hinaus zeigen die Anwendungen auch, wie Probleme wie der Schlüsselaustausch und die Bereitstellung praktisch gelöst werden können.

5.2.3.1 E2DE für Webseiten

Um E2DE sinnvoll einsetzen zu können, benötigt man immer einen vertrauenswürdigen Partner für die Verarbeitung der Daten, z.B. einen sicheren Server. Dieser sichere Server hält die Daten und sendet sie verschlüsselt aus. Ein Szenario, in dem dies bereits heute vorhanden ist, sind Webseiten und Applikationen. Die Daten werden auf einem externen Server gehalten und nur für die Ansicht zum Clienten übergeben, also eine klassische Server-Client-Anwendung. Für dieses Anwendungsszenario E2DE-verschlüsselte Bilder bereitzustellen ist auf verschiedene Arten möglich. Entweder es werden bereits verschlüsselte Bilder für einen bestimmten Benutzer auf einer Webseite bereitgestellt oder sie müssen on-the-fly für einen Benutzer generiert werden. Dieser dynamische Ansatz wurde durch ein Server-Modul umgesetzt, das die Bilder verschlüsseln kann, eine Erweiterung für ein Content-Management-System zur Benutzerverwaltung und ein Browserplugin zur Ad-hoc-Verschlüsselung der hinterlegten Bilder.

5.2.3.1.1 Verschlüsselungsmodul Der Server mit dem höchsten Marktanteil ist der Open-Source Webserver Apache [1] mit 46.2% Marktanteil laut W3Techs[2].
Apache bietet die Möglichkeit, Zusatzmodule zu erstellen und zu laden. Ein solches Modul wurde für E2DE umgesetzt. Dieses Modul ist in C geschrieben und wird durch Apache-Direktiven gesteuert. In der Konfiguration wird dazu festgehalten, dass Anfragen an den Server die Dateien anfragen, die mit `.encpng` enden durch das E2DE-Modul verarbeitet werden sollen. Diese Konfiguration ist in Code 5.1 dargestellt.

Code 5.1: Apache Anweisung zur Verarbeitung von E2DE-Bildern

```
<Files ~"\.encpng$">
  SetHandler encpng-handler
</Files>
```

Diese Konfiguration leitet alle betroffenen Anfragen an den `encpng-handler` weiter, was der Name des Moduls ist.
Wie ein Webseitenbetreiber Bilder als zu verschlüsseln bekannt gibt, so dass der Client diese als verschlüsselt anfragt, wird im nächsten Abschnitt dargestellt. Die Möglichkeit, den Schlüssel automatisiert an den Server zu übergeben, wird im darauffolgenden Kapitel behandelt.

Der Ablauf einer üblichen Anfrage ist in Abbildung 5.9 dargestellt. In Schritt ① wird vom Client eine Anfrage vorbereitet, zum Beispiel durch die Eingabe in die Adresszeile in einem Browser. Diese wird in Schritt ② an den Server gesendet. Dieser antwortet im Erfolgsfall

[1] `https://www.apache.org`

[2] Stand: 12 Juni 2018, `https://w3techs.com/technologies/overview/web_server/all`

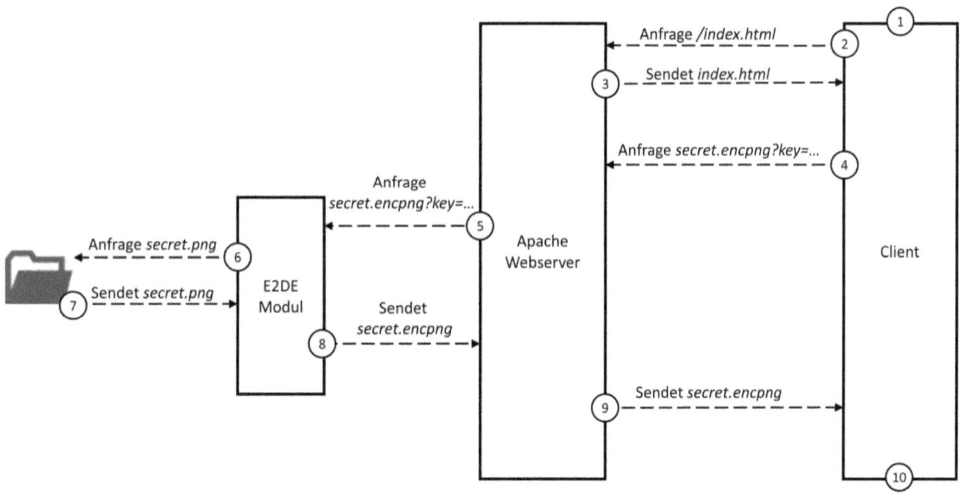

Abbildung 5.9: Kommunikation zwischen einem Client und einem Apache-Webserver mit E2DE-Modul

nun mit dem Inhalt der angefragten Seite in Schritt (3). In der in Hypertext Markup Language (kurz: HTML) formulierten Antwort sind strukturierte Daten zur Darstellung einer Webseite enthalten. Dies kann zum Beispiel auch die Angabe eines Bildes sein, das der Client nun zusätzlich abfragen muss. Dies erfolgt in Schritt (4). Hier fragt der Client beim Server die im `img`-Tag angegebene Grafik samt `encpng`-Erweiterung an. Zusätzlich überträgt der Client als `GET`-Parameter den öffentlichen Schlüssel seines Benutzers. Dieser muss entweder schon vom Server in der HTML Antwort eingebaut worden sein oder der Client muss diesen selbst anhängen. Der Server weiß nun aus der Konfiguration, dass er diese Anfragen durch den `encpng-handler` bzw. das E2DE-Modul bearbeiten lassen soll. Daher gibt er die Anfrage in Schritt (5) zusammen mit dem öffentlichen Schlüssel an diese weiter. Das E2DE-Modul sucht nun in Schritt (6) das dazugehörige `.png` Bild auf der Festplatte und lädt dieses in Schritt (7). Das Ausgangsbild muss dabei den gleichen Namen wie das angefragte Bild haben, mit dem Unterschied der abweichenden Dateiendung. In Schritt (8) verschlüsselt nun das E2DE-Modul das Bild mit dem öffentlichen Schlüssel aus Schritt (5) und sendet das Bild an den Webserver zurück. Dieser kann nun das Bild in Schritt (9) an den Client schicken, der nun die Webseite im letzten Schritt (10) darstellen kann. Von hier übernimmt der Browser die Darstellung des Bildes, der wiederum durch die Grafikkarte an den Monitor geschickt wird. Auf dem Weg zum Monitor wird der E2DE-Receiver das verschlüsselte Bild erkennen und entschlüsseln.

Sollte es aus irgendwelchen Gründen nicht möglich sein, das Bild zu verschlüsseln, so wird das Bild unverändert dargestellt. Dies könnte der Fall sein, wenn der Schlüssel fehlerhaft übergeben wurde und dadurch keine Verschlüsselung durchgeführt werden kann.

Abbildung 5.10: Plugin zur Konfiguration der privaten und öffentlichen Schlüssel zur Verwendung von verschlüsselten E2DE-Bildern im Internet.

5.2.3.1.2 Plugin für Wordpress Damit der Client weiß, welche Bilder er E2DE-verschlüsselt anfragen kann, muss dies im HTML Text mitgeteilt werden. Dies erfolgt über die Dateiendung `.encpng`. Damit diese Anfragen nicht manuell in den HTML-Dateien hinterlegt werden müssen, wurde ein Plugin für Wordpress entwickelt. Wordpress[3] ist eines der am meisten verwendeten Content Management Systeme. Bei diesem können dem Artikeln und Beiträgen Bilder hinzugefügt werden. Nach Installation des E2DE-Plugins können diese Bilder als verschlüsselt darzustellen markiert werden. Die Bilder werden dann auf der Webseite auch nur in einer Server-seitigen Skalierung bereitgestellt. Dadurch wird sichergestellt, dass im Browser des Benutzers das Bild pixelgenau dargestellt wird.

Wird ein solches verschlüsselbares Bild in einen Beitrag eingebunden, wird automatisch beim Anzeigen der Webseite dieses durch die Dateiendung `.encpng` gekennzeichnet. Den Rest der Verschlüsselung übernimmt hier anschließend der Server.

5.2.3.1.3 Plugin für Firefox Um ein solches verschlüsseltes `.encpng` Bild abzurufen, muss der Benutzer seinen öffentlichen Schlüssel angeben. Damit dies automatisiert geschehen kann, wurde für den Mozilla Firefox-Browser[4] ein Plugin entwickelt. Die Eingabeoberfläche für den öffentlichen Schlüssel ist in Abbildung 5.10 zu sehen. Das Plugin erkennt in der HTML-Antwort des Servers Bilder mit der Dateiendung `.encpng`. Wenn der Browser nun die Datei zur Darstellung abruft, wird diese Anfrage vom Plugin verändert und um den öffentlichen Schlüssel des Benutzers erweitert.

Der Server erhält dann die Anfrage mit dem öffentlichen Schlüssel, das E2DE-Modul verschlüsselt die angefragte Datei und der Server sendet diese zurück an den Browser.

Der Browser stellt diese Datei nun wie gewohnt und damit verschlüsselt in der Oberfläche dar. Diese Darstellung kann nun durch den E2DE-Receiver entschlüsselt werden.

[3] `www.wordpress.org`
[4] `https://www.mozilla.org/de/firefox/`

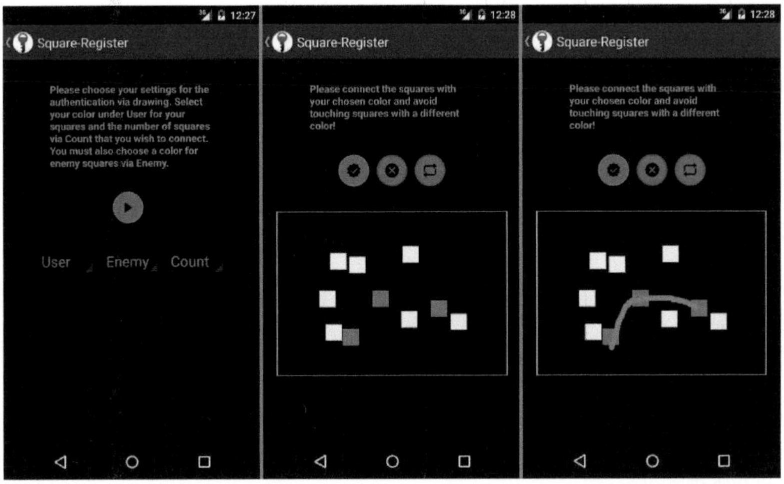

Abbildung 5.11: Beispiel für Zwei-Faktor-Authentifizierung durch E2DE

5.2.3.2 Anwendung als Zwei-Faktor-Authentifizierung

Die Anfangsanwendung der End-to-Display-Verschlüsselung, wie sie im Patent von Borchert et al. [BFNR08] dargestellt wurde, war die Zwei-Faktor-Authentifizierung. Wie in Abschnitt 2.3 dargestellt, muss eine Zwei-Faktor-Authentifizierung mindestens zwei der drei möglichen Faktoren Wissen, Haben und Biometrik verwenden. In der klassischen Anwendung, wie zum Beispiel am Bankautomaten, werden die beiden Faktoren Wissen und Haben verwendet. Diese Kombination ist am Smartphone nur bedingt umsetzbar, da das Wissen nicht an einem Gerät eingegeben werden sollte, das gleichzeitig den Haben-Faktor darstellt, siehe [baf15]. Durch E2DE wird dies nun möglich, da durch die Verschlüsselung der Wissenseingabe bis hin zum Display eine logische Trennung zwischen dem Wissens-Faktor und dem Haben-Faktor entsteht.

Der Benutzer kann also auf dem für ihn, anhand des eingebauten Chips entschlüsselten Pin-Pads, zum Beispiel einer randomisierten Pin-Tastatur, sein Wissen eingeben, ohne dass ein Angreifer oder gar das Smartphone selbst eine Information über dieses Wissen erhält. Nun ist eine randomisierte Pineingabefläche nicht benutzerfreundlich. Deshalb wurde alternativ der Ansatz verfolgt, statt Zahlen Gesten zu verwenden, siehe [DLWH07]. Jedoch bietet die E2DE-Verschlüsselung neben der klassischen Pineingabe-Möglichkeit auch die Möglichkeit, weitere Wisseneingaben zu erzeugen. Eine dieser Wissenseingaben ist die TFASecure App, die auf E2DE aufbaut. Bei dieser Methode wird nicht eine Pin eingegeben, sondern eine Art Rätsel gelöst, das in seinem Aufbau nur mit dem Wissen des Benutzers gelöst werden kann. Ein Beispiel ist in Abbildung 5.11 dargestellt. In diesem Beispiel ist das Wissen des Benutzer „*Blaue Quadrate*“, die er nun verbinden muss, ohne die anderen Farben und Formen zu berühren. Aufgrund von E2DE sind diese Objekte nur den Personen mit authentifiziertem Display sichtbar, so dass diese Personen das Rätsel visualisiert dargestellt bekommt und damit lösen können.

Es können auch weitere Faktoren eingeführt werden, wie zum Beispiel verbotene oder neutrale

Farben und Formen, die berührt werden dürfen oder nicht. Durch den spielerischen Aufbau gewöhnt sich der Benutzer kein festes Muster an, sondern löst das Rätsel jeweils neu. Auch fällt dem Benutzer das Merken der Faktoren weitaus leichter als eine 4-6-stellige Pin oder lange Passwörter mit möglicherweise mehreren Sonderzeichen. Es ist auch gut denkbar, diese Authentifizierung für Kinder oder Menschen mit schlechtem Zahlengedächtnis anzubieten.

5.2.3.3 E2DE auf Systemebene

Bisher wurden nur einzelne Bilder mit E2DE verschlüsselt. Interessanter wird es jedoch, wenn die Verschlüsselung nicht nur einzelne Inhalte, sondern ganze Anwendungen oder gar Systeme abbildet. Zu diesem Zweck wurde versucht, Remote-Desktop-Systeme, virtuelle Maschinen und Linux-Systeme mit E2DE zu verschlüsseln.

Insbesondere in einer Remote-Desktop-Umgebung kann die End-to-Display-Verschlüsselung hilfreich sein. In einer solchen Umgebung sind die Daten auf einem Server abgelegt und werden dort auch bearbeitet.

Auch das Betriebssystem wird nur auf dem Server ausgeführt. Durch diese Kapselung ist es für einen Systemadministrator einfacher, die Daten zu schützen, da er diese nicht aus der Hand gibt.

Die verbleibende Schwachstelle ist die Darstellung der Daten beim Benutzer. In einem RDP-System wird die Grafikausgabe des entfernten Bildschirms zum Benutzer übertragen. Dieser Bildschirm kann dann vom Benutzer jedoch auch als Bildschirmfoto gespeichert werden.

Ähnlich wie die Remote-Desktop-Umgebungen werden bei virtuellen Maschinen (kurz: VM), wie in Abschnitt 3.5.2 dargestellt, „fremde“ Computer auf dem lokalen Computer dargestellt. Der Unterschied bei einer virtuellen Maschine ist jedoch, dass diese sowohl auf einem entfernten Server als auch lokal ausgeführt werden kann. Sie bietet dadurch die Möglichkeit, auch offline zu arbeiten. Häufig werden VMs auch dazu verwendet, kritische Anwendungen in einer gekapselten Umgebung auszuführen. Jedoch bleibt, wie bei allen Anwendungen, auch hier die Sicherheitslücke des ausspionierten Bildschirms.

Diese Sicherheitslücke kann durch eine Erweiterung der VM durch E2DE geschlossen werden. Einer der am häufigsten verwendeten VMs ist die Oracle Virtualbox [5]. Die VirtualBox ist zu einem großen Teil OpenSource und kann daher für unsere Zwecke angepasst werden.

Es ist bei der Implementierung der End-to-Display-verschlüsselten virtuellen Maschine (kurz: E2DEVM) darauf zu achten, dass der Framebuffer, der verschlüsselt wird, der Framebuffer der virtuellen Maschine ist und nicht der des Gastsystems, der zur Anzeige der Inhalte verwendet wird. Würde der Framebuffer des Gastsystems verschlüsselt, dann würde auf dem Gastsystem ein Speicherbereich verschlüsselt, auf den Schadsoftware vor der Verschlüsselung zugreifen könnte.

Als Proof-of-Concept wurde der Grafiktreiber der Konsolendarstellung der Virtualbox mit einem Wrapper versehen, welcher die Grafikdaten durch ein E2DE-Modul leitet und verschlüsselt. Die Funktionen des Wrappers werden bei der Durchführung einer Änderung aufgerufen und können so die Daten auf dem Weg zum Framebuffer, der anschließend von der virtuellen Maschine dargestellt wird, verschlüsseln.

[5] `https://www.virtualbox.org`

Zeitmessung von 5000 Bildupdates			
Art	**Zeit gesamt (ms)**	**⌀ Zeit pro Update (ms)**	**⌀ Anzahl Updates pro Sekunde**
unverschlüsselt	9.906,5	2,0	30,3
verschlüsselt	17.288,7	3,4	17,4

Tabelle 5.6: Zeitmessung von 5000 Bildupdates mit und ohne Verschlüsselung. Gerundet auf eine Nachkommastelle.

Die Kompression und Verschlüsselung benötigt jedoch Zeit. Zum Vergleich wurde die Zeit von 5000 Bildupdates gemessen, jeweils mit und ohne Verschlüsselung. Die Ergebnisse sind in Tabelle 5.6 dargestellt.
Wie die Tabelle zeigt, benötigt der Grafiktreiber mit Verschlüsselung ca. 1,75 mal mehr Zeit, um die Daten zu verarbeiten. Mit einer Updaterate von 17 Bildern pro Sekunde kann das dargestellte Bild vom Benutzer zwar als etwas rucklig, jedoch bewegt wahrgenommen werden.

5.3 Entschlüsselung

Nach der Übertragung der Daten zum Client werden die verschlüsselten E2DE-Bilder auf dem Computer dargestellt. Danach werden sie zum Bildschirm übertragen. Dabei werden sie durch die Hardware, den E2DE-Receiver, geleitet und können dort entschlüsselt werden. Die grundlegende Architektur wird in den Abschnitten 4.1 und 4.2 dargestellt. In diesem Abschnitt wird die konkrete technische Umsetzung bis hin zur Herstellung eines ASICs behandelt.

5.3.1 Hardwareimplementierung der Vollbildverschlüsselung

Die Vollbildverschlüsselung wurde als FPGA-Implementierung entworfen und synthetisiert. Hierfür wurde das in Abschnitt 2.4.6 das vorgestellte Digilent Atlys Board verwendet. In der veröffentlichten Implementierung [BPB15] wurde die RSA-Berechnung mit einer Schlüssellänge von 512 Bits und eine AES-Berechnung mit 128 Bits im FPGA durchgeführt.
Das visuelle Ergebnis ist in Abbildung 5.12 dargestellt. Hier ist zu sehen, wie auf dem linken Bildschirm das verschlüsselte Bild dargestellt wird. Der gleiche Grafikstrom wird mittels eines Splitters zudem durch das FPGA-Board und anschließend zum rechten Monitor geleitet. Das Board führt dabei die Entschlüsselung durch, die dort zu sehen ist.
Die implementierte RSA-Schlüssellänge von 512 Bits entspricht nicht den Sicherheitsempfehlungen, wie in Abschnitt 2.1.5 dargestellt, dies war eine Folge der verfügbaren Implementierung, die keine längere Schlüssellänge zugelassen hat. Diese Implementierung der Berechnung stößt bei längeren Schlüssellängen an die Grenzen der auf diesem Chip implementierbaren Komplexität. Die Auslastung des FPGAs ist in Tabelle 5.7 dargestellt. Eine Implementierung auch längerer Schlüssel ist möglich wie in [Suz07] dargestellt. Durch die Auslagerung der Berechnung in Prozessorenkarten oder ASICs ist die mögliche Beschränkung durch FPGA und die aktuelle Implementierung austauschbar.

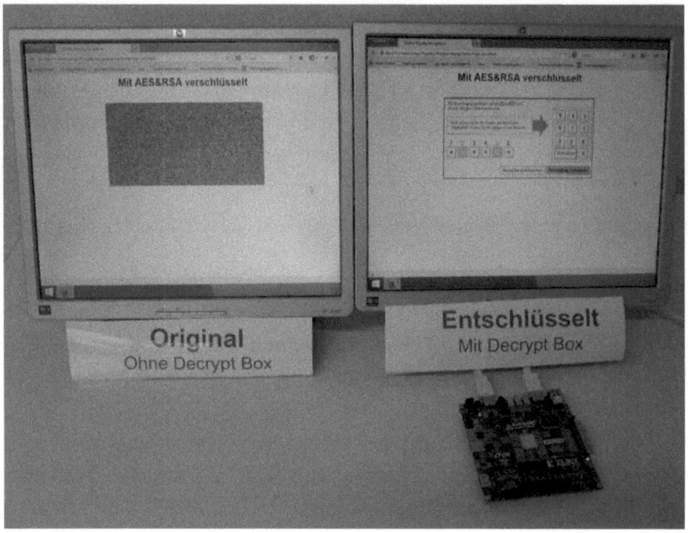

Abbildung 5.12: Vollbild E2DE Demonstration in FPGA

Alternativ ist die Implementierung in aktuellen und größeren FPGA direkt möglich.

Ressourcenallokation			
Ressourcen Typ	**# Ressourcen**		**Verbrauch**
	Verwendet	**Total**	
Slice Registers	15,628	54,576	28.64%
Slice LUTs	11,726	27,288	42.97%
Slices	4,250	6,822	62.30%
8 Bits Block RAM	180	232	77.59%
16 Bits Block RAM	0	116	0%

Tabelle 5.7: Ressourcenallokation auf dem Spartan-6 LX45 FPGA-Board in der prototypischen Implementierung

Eine besondere Herausforderung ist die Verwendung des FPGA zur Entschlüsselung von verschlüsselten Bereichen in einem HDMI-Signal. Dieses wird bei HDMI 1.0 mit maximal 3,96 GBit/s übertragen. Dies entspricht 167 MHz für je 8 Bits für die drei Farben (Rot, Grün, Blau), also einer Taktrate von 1,336 GHz pro Farbkanal. Um die Entschlüsselung mit geringen Latenzen durchführen zu können, ist hier eine Implementierung in einem FPGA oder ASIC erforderlich.

5.3.2 Linienbasierte Entschlüsselung

Die linienbasierte Entschlüsselung unterscheidet sich von der Vollbildentschlüsselung durch die Verwendung der Kompression. Sie benötigt sechs Schritte:

Abbildung 5.13: Linienbasierte E2DE-Demonstration in FPGA

1. Erkennen des Headers im Bildstrom,
2. Extrahieren der Headerinformation,
3. Entschlüsselung des Ciphertexts,
4. Entschlüsselung des Bildinhaltes,
5. Dekompression des Bildinhaltes,
6. Weitergabe der Bildinformationen in den Grafikstrom.

Im Unterschied zur Vollbildentschlüsselung findet die Erkennung des Headers nun in jeder Zeile statt. Von den bisherigen Headerinformationen werden zusätzlich die Nonce-Informationen für jede Zeile extrahiert. Die Entschlüsselung des Ciphertextes findet nur dann statt, wenn dieser sich ändert. Es ist ausreichend, diesen Ciphertext, und damit die AES-Schlüssel, nur einmal pro Sitzung zu erstellen.
Die Entschlüsselung des Bildinhaltes erfolgt ebenso wie bei der Vollbildverschlüsselung, nur werden anschließend die entschlüsselten Pixel nicht direkt ausgegeben, sondern dekomprimiert. Tritt ein Pixel mit dem Rotwert null auf, so wird dieser als Zählpixel erkannt und der Blauwert als Zählwert extrahiert. Anschließend wird das darauffolgende Pixel sooft wiederholt wie der Zählwert angibt. Diese werden direkt in den Grafikstrom ausgegeben.
Dies wurde von Burg et.al. veröffentlicht. [BCB16] Eine Implementierung ist in Abbildung 5.13 dargestellt. Sie zeigt das linienbasiert verschlüsselte Bild auf der linken Seite, sowie die durch die FPGA Implementierung entschlüsselte Bild auf der rechten Seite.

5.3.3 ASIC-Implementierung

Die bisherigen Umsetzungen wurden alle in rekonfigurierbaren Architekturen, shier FPGAs, umgesetzt. Der Vorteil dieser Architekturen ist, dass sie bei Bedarf neu konfiguriert werden können. Ihr Nachteil ist jedoch, dass ihre Ansteuerung komplex ist. Sie benötigen meist einen externen Programmspeicher, der sie beim Start konfiguriert.

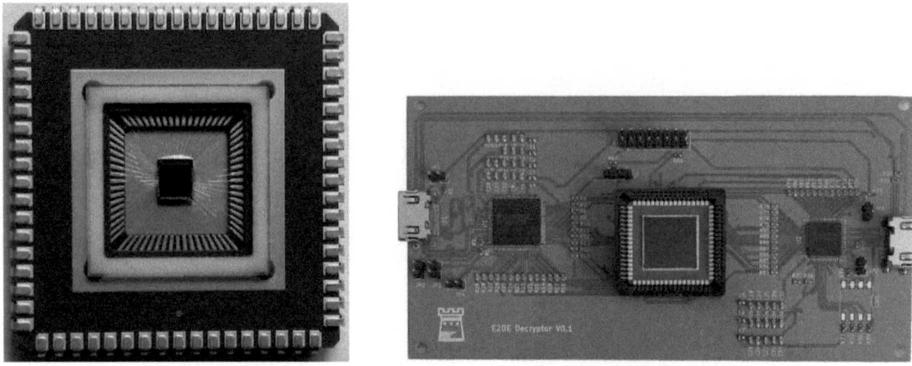

(a) PLCC-68-Packaging **(b)** Trägerboard

Abbildung 5.14: E2DE-ASIC

Eine in großen Abnahmemengen günstigere und robustere Variante, die zudem meist stromsparender ist, stellen ASICs dar, die in Kapitel 2.4.7 vorgestellt wurden. Im Rahmen des Europractice First User Programms[6,7] wurde die Möglichkeit gegeben, die Umsetzung der E2DE-Technologie in einem solchen ASIC zu verwirklichen.
Die Implementierung des ASIC wird im Folgenden beschrieben. Sie unterscheidet sich prinzipiell nur geringfügig von der Implementierung auf dem FPGA, daher können die Ablaufpläne und Prinzipien auch für eine FPGA-Implementierung verwendet werden.
Der Chip wurde in 180nm-Technologie in einerm PLCC-68-Packaging mit Glasfenster gefertigt und ist in Abbildung 5.14a dargestellt. Die Dimensionen des ASIC sind 2,5mm^2 mit 6 Layern.
Für den Chip wurde ein eigenes Trägerboard entworfen, dieses ist in Abbildung 5.14b dargestellt. Auf diesem Trägerboard sind neben einem Sockel für den Chip zwei PHYs verbaut, welche das HDMI-Signal in RGB-Werte und anschließend die RGB-Werte in HDMI-Signale umwandeln. Die verwendeten PHYs sind der TFP401A[8] und TFP410[9] von Texas Instruments. Da diese PHYs auf 3,3 Volt arbeiten, müssen die Signale für den ASIC transformiert werden, der auf 1,8 Volt arbeitet.

5.3.3.1 Überblick über den Aufbau

Der ASIC empfängt von der Eingangsseite de-serialisierte RGB-Signale, also jeweils 8 Leitungen pro Farbe, und zudem einen Takt (engl.: clock). Auf jeder aufsteigenenden Flanke des Taktes wird auf dem Chip jeweils eine Ausführung der Verarbeitung gestartet. Des weiteren empfängt er die Hsync- und Vsync-Signale, die angeben ob die Zeile oder der Frame beendet sind. Zudem empfängt er das UDefault Flag-Signal, das angibt, ob der Chip

[6] `http://europractice-ic.com/`

[7] `http://www.europractice.stfc.ac.uk`

[8] 165 MHz PanelBus TMDS DVI Receiver/De-Serializer with HSYNC `http://www.ti.com/product/TFP401A`

[9] 165 MHz PanelBus TMDS DVI Transmitter/Serializer `http://www.ti.com/product/TFP410`

die vor-einprogrammierten Schlüssel verwenden soll. Dies ist zum Beispiel hilfreich, wenn die I2C-Kommunikation nicht angeschlossen ist. Dazu kommen noch die zwei Leitungen für das Data-enabled- des HDMI und das Reset-Signal. Die restlichen Pins sind weitesgehend Stromversorgungs- und Erdungspins. Alle Pins sind in Tabelle A.7 im Anhang auf Seite 146 aufgeführt.
Die meisten Eingangssignale gibt es auch auf der Ausgangsseite, mit Ausnahme des Reset- und des UDefault-Signals. Die Ausgangssignale sind in Tabelle A.8 im Anhang auf Seite 147 aufgeführt. Zudem gibt es keine explizite Ausgangsclock, hier wird die Eingangsclock verwendet. Zusätzlich kommen Pins für die Statusüberwachung hinzu, wie die Flagpins Cypher-available und KeySAR-available, sowie die Kommunikationspins für den I2C und der serielle Takt (engl.: serial Clock, kurz: SCL) sowie die seriellen Daten (engl.: serial Data, kurz: SDA).

5.3.3.2 Kommunikation über I2C

Für die Kommunikation mit externen Recheneinheiten, wie der Prozessorkarte oder dem KeySAR-Modul, wurde der I2C Bus, siehe Abschnitt 2.4.3, gewählt. Der Grund hierfür ist, dass viele Prozessorkarten bereits eine I2C-Schnittstelle besitzen und dadurch ein einfacherer Anschluss an den Chip bzw. dessen Trägerboard möglich ist. Das I2C-Protokoll erlaubt einen Master und mehrere Slaves. Der Master ist in diesem Fall der ASIC selbst. Die I2C-Schnittstelle kann folgende Aktionen durchführen:

OTP Init Über die I2C-Schnittstelle kann der One-Time-Pad gesetzt werden, sofern dies gewünscht ist.

Ciphertext Wenn ein neuer Chiphertext vorhanden ist, wird das Cipher-available Flag auf logisch eins gesetzt. Dadurch kann das Prozessorkartenmodul oder jegliches anderes Modul, das die Entschlüsselung des Ciphertextes vornimmt, erkennen, dass ein neuer Ciphertext abgerufen werden kann. Nachdem der Ciphertext erfolgreich abgerufen wurde, wird das Flag auf logisch null setzt.

KeySAR Wenn ein neuer KeySAR-Wert entschlüsselt wurde, wird das KeySAR-available Flag auf logisch eins gesetzt. Daraufhin kann das KeySAR-Modul diesen Wert abrufen. Nach dem erfolgreichen Abruf des KeySAR-Wertes wird das Flag auf logisch null gesetzt.

Schlüssel Der aus dem Ciphertext entschlüsselte Schlüssel wird ebenfalls per I2C zurückgeschrieben. Dieser neue Schlüssel überschreibt den vorherigen Wert in dem dafür reservierten Register.

Beim Lesen und Schreiben werden Adressen übergeben, die dem Master angeben welche Befehle ausgeführt werden sollen. Diese Adressen sind in Tabelle 5.8 aufgeführt.

5.3.3.3 Überblick über den Ablauf

In den folgenden Abschnitten soll der Ablauf der Initialisierung, des Standardbetriebes und der Verarbeitung verschlüsselter Daten sowie der KeySAR-Verarbeitung betrachtet werden.

I2C Adressen		
Adresse	**Programm**	**senden/empfangen**
0x3d	Ciphertext senden	senden
0x2c	AES Schlüssel empfangen	empfangen
0x3b	KeySAR senden	senden
0x6d	OTP Initialisierung	empfangen

Tabelle 5.8: Adressen für die I2C Kommunikation

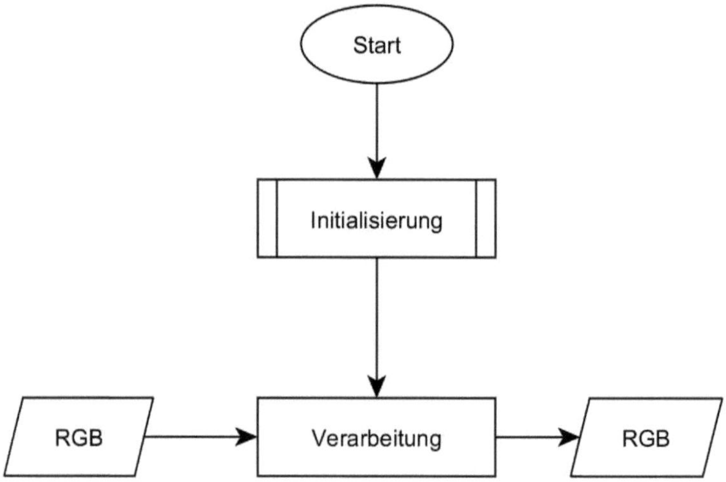

Abbildung 5.15: Übersicht des Betriebsablaufs des E2DE ASIC

Zum groben Überblick ist der gesamte Ablauf vereinfacht in Abbildung 5.15 dargestellt. Nach der Initialisierung des Chips geht der Chip zur Verarbeitung der eingehenden RGB-Daten über. Der Einfachheit halber werden die übrigen Steuersignale des HDMI-Signals nicht extra genannt, diese werden zeitlich angepasst ebenfalls verarbeitet und weitergeleitet. Die verarbeiteten Daten werden anschließend wieder ausgegeben.

5.3.3.4 Initialisierung und Standardbetrieb

Bei der Initialisierung, dargestellt in Abbildung 5.16, werden zuerst alle Register geleert und mit vordefinierten Werten beschrieben. So gibt es je einen fest-vorprogrammierten OTP-Schlüssel und einen RSA-Schlüssel für den Testbetrieb. Der OTP-Schlüssel kann per I2C neu gesetzt werden.

Der Standardbetrieb sieht vor, dass jedes Pixel, das an den Chip gesendet wird, auch wieder unverändert ausgegeben wird. Dies geschieht mit einer Verzögerung, die es erlaubt, im Falle eines gefundenen verschlüsselten Bereiches, diesen zu entschlüsseln und trotzdem das Timing

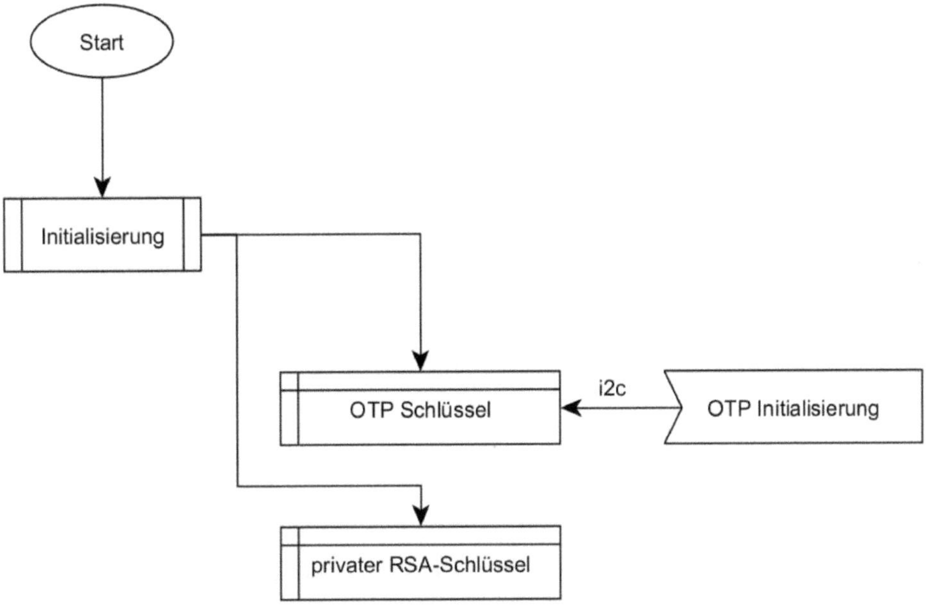

Abbildung 5.16: Übersicht des Betriebsablaufs der Initialisierung des E2DE ASIC

am Ausgang konsistent zu halten. Dies bedeutet konkret eine Verzögerung von Eingang zu Ausgang von 373 Pixeln. Dieser Wert ergibt sich aus der doppelten Länge des möglichen Headers. Sollte im späteren Betrieb ein Header erkannt werden, so würde dieser bei einer erfolgreichen Entschlüsselung nicht ausgegeben. Daher ist bereits die zeitliche Verzögerung, um den Header zu kompensieren, vorzuhalten. Um anschließend auch einfache und stark komprimierte Pixel expandieren zu können, ist ein weiterer großer Puffer von der zeitlichen Verzögerung des Headers vorgesehen. Bei der Verschlüsselung sollte dies berücksichtigt werden, um zu verhindern, dass der Puffer nicht ausreicht.
Während des Standardbetriebes wird darauf geprüft, ob der E2DE-Marker RGGB im Pixelstrom erkannt wird. Ist dies der Fall, geht die Verarbeitung in den nächsten Abschnitt über, die Verarbeitung der verschlüsselten Daten.

5.3.3.5 Verschlüsselung erkannt

Ist der E2DE-Marker RGGB erkannt worden, so startet die Verarbeitung der verschlüsselten Daten bzw. der Daten, die für die Verarbeitung des verschlüsselten Bereiches notwendig sind. Die Verarbeitung ist in Abbildung 5.17 dargestellt.
In der Verarbeitung der E2DE-Bilder müssen zwei Bereiche unterschieden werden, der Headerbereich, also die Informationen wie Höhe, Breite, Version etc., die ohne den AES-Schlüssel lesbar sind, und der verschlüsselte Bereich. Dieser verschlüsselte Bereich beinhaltet den KeySAR-Wert und die verschlüsselten Bildinformationen.

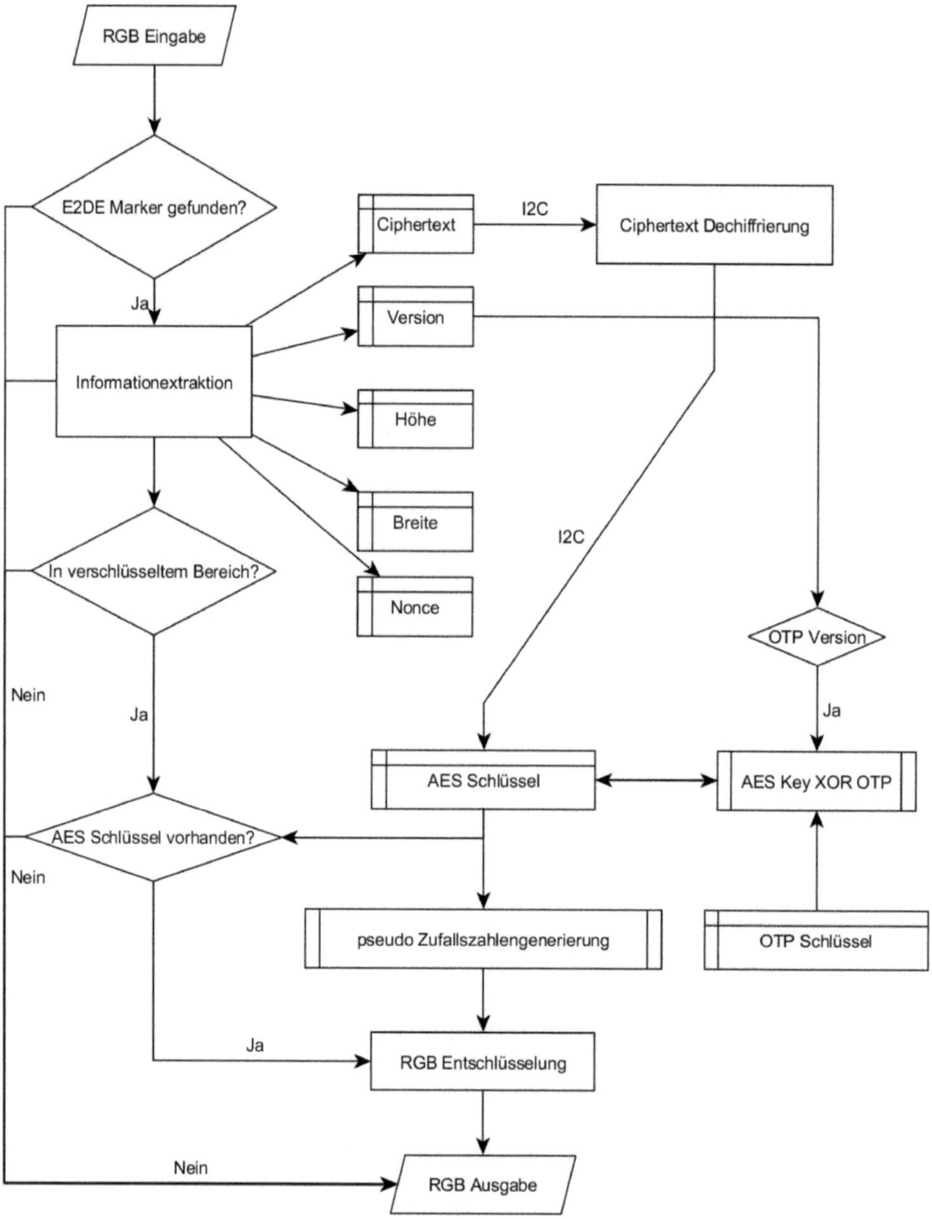

Abbildung 5.17: Übersicht des Betriebsablaufs der Entschlüsselung des E2DE ASIC

Die Informationen aus dem unverschlüsselten Teil werden in die dafür vorgesehenen Register übertragen. Ist der Ciphertext vollständig gelesen und wurde als neu erkannt, so wird das Ciphertext-available Flag auf logisch eins gesetzt, um dessen Verarbeitung zu starten.
Wurde von der Verarbeitung ein passender AES-Schlüssel zurückübertragen, so wird der verschlüsselte Teil entschlüsselt. Ist der Schlüssel nicht passend oder das Register leer, so werden alle Daten unverändert ausgegeben. Die Validierung des Schlüssels erfolgt über den KeySAR-Wert. Dieser muss nach der Entschlüsselung als Rot- und Grünwert null enthalten. Ist dies nicht der Fall, so wird der AES-Schlüssel als nicht valide erachtet.
Als mögliche Versionen sind die folgenden Werte implementiert:

1 entspricht E2DE-Vollbildversion,

2 entspricht linienbasierter E2DE-Verschlüsselung,

3 es wird nur ein verschlüsselter KeySAR-Wert übertragen, es sind keine Bildinformationen vorhanden,

4 wie 1, mit zusätzlicher Verwendung des OTP,

5 wie 2, mit zusätzlicher Verwendung des OTP,

6 wie 3, mit zusätzlicher Verwendung des OTP.

Wird angegeben, dass der OTP verwendet werden soll, so wird der übertragene Schlüssel mit dem OTP per XOR verknüpft.

$$Key' = Key \oplus OTP \tag{5.8}$$

5.3.3.6 KeySAR-Verarbeitung

Der verschlüsselte KeySAR-Wert ist eigentlich ein Hybrid aus Steuerinformationen des Headers und verschlüsselten Daten aus dem Bildbereich. Er kann nur mit einem passenden AES-Schlüssel gelesen werden, hat jedoch keinen Einfluss auf das darzustellende Bild, sofern der AES-Schlüssel valide ist. Der KeySAR-Wert kann auch zur Überprüfung der Validität des berechneten AES-Schlüssels verwendet werden. Diese Validierung beruht auf der Konvention, dass der KeySAR-Wert in entschlüsselter Form als Rot- und Grünwert den Wert null haben muss. Ist dies der Fall, so wird der entschlüsselte Wert in ein Register geschrieben und das KeySAR-available Flag auf logisch eins gesetzt, sofern der Wert sich vom vorhergehenden Wert unterscheidet. Das KeySAR-Modul zur Verschlüsselung der Tastatureingaben, siehe Abschnitt 4.4, kann nun den neuen Wert abrufen und die Tastatureingaben verschlüsseln.
Ist im Grafikstrom kein E2DE-verschlüsseltes Bild enthalten, der AES-Schlüssel invalide oder ähnliches, so wird der Wert im KeySAR-Register auf null gesetzt, um mögliche Störungen für den Benutzer durch eine falsche Verschlüsselung zu vermeiden.
Dies ist in Abbildung 5.18 dargestellt. Diese Berechnung des KeySAR-Wertes und die anschließende Prüfung auf Validität finden in jeder Zeile statt, wenn ein verschlüsselter Bereich gefunden wird. Das Signal für das KeySAR-Modul, den neuen KeySAR-Wert abzuholen, wird nur dann gesetzt, wenn sich der Wert von dem vorherigen Wert unterscheidet. Dies ist auch der Fall, wenn kein valider Wert bzw. kein verschlüsselter Bereich gefunden wurde und daher der

KeySAR-Wert auf null gesetzt wird. Nach Abschluss der Übertragung des KeySAR-Wertes zum KeySAR-Modul wird KeySAR-Available auf null gesetzt, bis sich der Wert erneut ändert.

5.3.4 RSA-Prozessorkarte

Um einen E2DE-Receiver von verschiedenen Nutzern verwendbar zu machen, ohne die Sicherheit zu schwächen, ist es notwendig, dass sich jeder Nutzer am Gerät authentifizieren kann. Eine einfache Art, die komplizierten privaten Schlüssel zu transportieren, ist die Speicherkarte. Speicherkarten sind einfach transportierbare Speicher, die einfach ausgelesen werden können. Würden mit einer solchen Speicherkarte die privaten Schlüssel transportiert, könnten diese kopiert und von jedem ausgelesen werden.
Eine andere Art der Transportkarte sind die in Abschnitt 2.4.2 eingeführten Smartcards bzw. Prozessorkarten. Diese Prozessorkarten können Daten nicht nur bereitstellen, sondern auch berechnen und verarbeiten. Damit sind sie für Schlüsseldaten ideal geeignet. Um den Schutz des Schlüssels zu garantieren, wird dieser nie von der Karte ausgegeben, sondern nur die Ergebnisse des Entschlüsselns des Ciphertexts.
Die Kommunikation und die Leistungsfähigkeit der Prozessorkarten haben entscheidenden Einfluss auf die Leistungsfähigkeit des E2DE-Receivers. Daher wurden drei mögliche Testszenarien für den Einsatz der Prozessorkarte durchgeführt. Diese Szenarien betrachten eine Prozessorkarte, die

① als Speichermedium für die Schlüssel verwendet wird,

② die Entschlüsselung des Ciphertextes intern bewerkstelligt und nur die entschlüsselten Daten ausgibt, oder

③ direkt nur die pseudo-zufällige Zeichenkette aus dem AES-Schlüssel generiert.

Für den Test wurde die Prozessorkarte NXP JCOP21 V2.4.1 mit einem 72k EEPROM verwendet. Zur Kommunikation wurde ein PC mit USB-Anschluss und dem Programm GPShell[10] verwendet.

5.3.4.1 Prozessorkarte als Speichermedium

Wenn die Prozessorkarte nur als Speichermedium verwendet wird, muss sie anders als bei „echten“ Speicherkarten eine Funktion aufrufen, die die Schlüsselinformationen zurückliefert. Bei Speicherkarten würde eine Adresse im Speicher ausgelesen und ausgegeben.
Die Funktion bildet aus den im Programmcode fest einprogrammierten Schlüsseldaten mit jeweils 64 Bytes für RSA-Modulus und privaten Schlüssel eine Response von 128 Byte und gibt diese aus.
Die Durchführung einer solchen Anfrage dauerte in den Tests, ohne Verbindungsauf- und -abbau, 156 ms.

[10] `https://sourceforge.net/p/globalplatform/wiki/GPShell/`

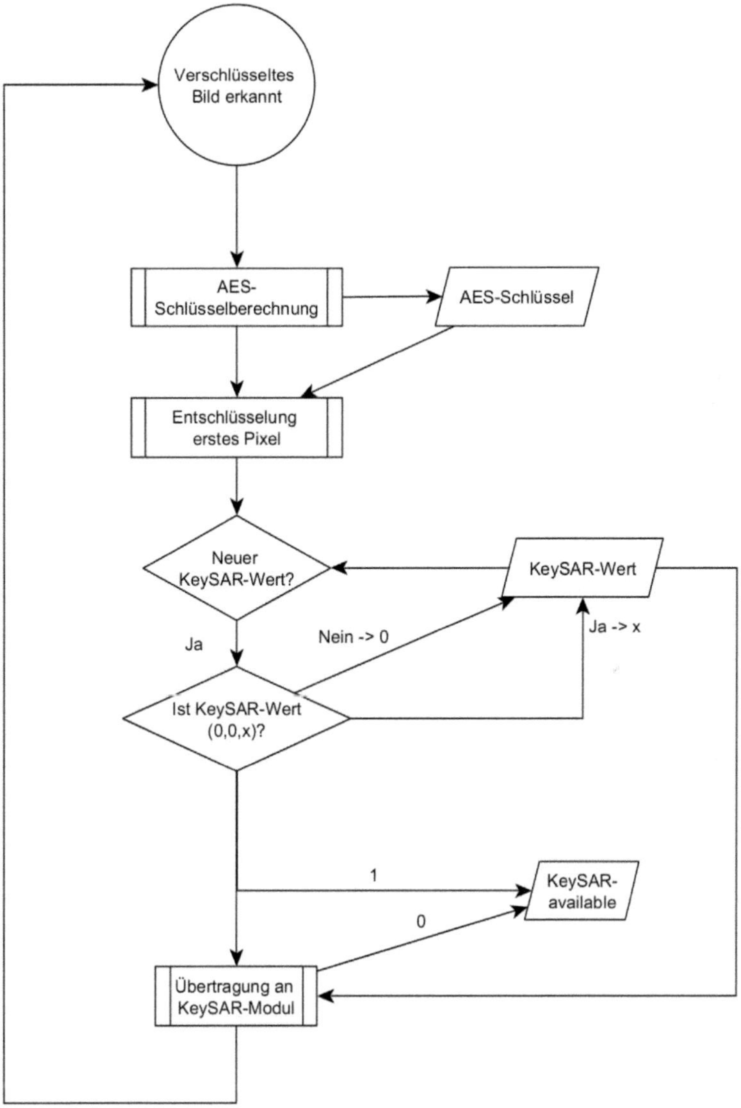

Abbildung 5.18: Übersicht des Betriebsablaufs der Erkennung und Verarbeitung des KeySAR-Wertes im E2DE ASIC

5.3.4.2 Prozessorkarte zur Schlüsselberechnung

Interessanter ist jedoch die Verwendung der Prozessorkarte zur Entschlüsselung des Ciphertextes. Hierfür wird die RSA-Berechnung auf der Karte direkt durchgeführt und der private Schlüssel wird nie außerhalb der Karte verwendet und bleibt damit geheim.
Hierfür wurde eine interne RSA-Berechnung implementiert. Der Funktionsumfang der JavaCard beinhaltet bereits Methoden, um dies zu umzusetzen.
Die Berechnung wurde mit einem 512 Bits RSA-Schlüssel und einem 128 Byte Ciphertext durchgeführt.
Inklusive der Kommunikation betrug die Laufzeit für die Entschlüsselung des Ciphertextes und Rückgabe des Ergebnisses 2886 ms.
Einen Großteil dieser Zeit nimmt jedoch die Kommunikation ein. Es sind relativ große APDU-Pakete, die kommuniziert werden müssen. Die Berechnungszeit steigt in Abhängigkeit zur Schlüssellänge an . Ein längerer Schlüssel ist jedoch für eine sichere Verschlüsselung notwendig.

5.3.4.3 Prozessorkarte als kontinuierlicher Zahlengenerator

Wäre eine schnelle Kommunikation möglich, so wäre das Auslagern des Zahlengenerators von großem Vorteil. So könnte nicht nur der E2DE-Chip selbst kleiner werden, sondern es würde sich auch die Flexibilität erhöhen. Da auf der Chipkarte statt einer RSA- und AES-Entschlüsselung eine Technik wie elliptische Kurven oder Ähnliches verwendet werden könnte, ohne dass der Receiver dafür geändert werden müsste.
In diesem Fall würde die Prozessorkarte mit dem Ciphertext initialisiert und einen AES-Schlüssel berechnen, der den Zahlengenerator initialisiert. Anschließend produziert die Prozessorkarte auf Anfrage durch den Host unter Verwendung der mitgelieferten Nonce weitere sukzessive Pseudo-Zufallszahlen und sendet diese an den Host zurück. Dieser muss nun nur noch die XOR-Berechnung der Pixeldaten vornehmen.

Dafür werden zwei Schritte durchgeführt: die Initialisierung mit dem Ciphertext, wie in ②, sowie anschließend der Encrypt-Schritt, der mit der Nonce eine neue Pseudo-Zufallszahl erzeugt und ausgibt.
Der Initialisierungsschritt dauert hier nur 796 ms. Dies ist auf die fehlende Rücksendung eines großen APDU-Datenpaketes zurückzuführen. Die anschließenden Encrypt-Anfragen werden innerhalb von 156 ms beantwortet.

5.3.4.4 Zusammenfassung der Prozessorkarten-Experimente

Die Verwendung von Prozessorkarten bietet einige positive Aspekte, darunter insbesondere die Flexibilität und Benutzerfreundlichkeit der E2DE-Receiver. Die Ergebnisse der Tests zeigen, welche Varianten unter Echtzeitbedinungen einsetzbar sind. Die Ergebnisse sind in Tabelle 5.9 zusammengetragen.

Die Methode ① ist mit ihrer Laufzeit von 156 ms vergleichsweise schnell, benötigt keine Initialisierung und ist für den Prozess selbst verwendbar, bietet jedoch eher weniger Sicherheit als ein im Gerät fest verankerter Schlüssel, da die Schlüsselkarte ausgelesen und so kopiert

Laufzeiten der Crypto-Berechnungen				
	①	②	③ Initial	③ Encrypt
Laufzeit (ms)	156	2886	796	156

Tabelle 5.9: Laufzeiten der Berechnung in ms

werden kann. Dies wäre bei einer einfachen Speicherkarte sicherlich leichter, jedoch ist dies bei der Prozessorkarte auch möglich.

Die höchste Flexibilität bietet Methode ③. Jedoch benötigt das Abrufen einer neuen Pseudo-Zufallszahl immerhin 156 ms. Eine solche Zufallszahl wird für einen Block von 40 RGB-Werten benötigt. Ein solcher Block von 40 RGB-Werten wird alle 0,00038 ms (bei 50 Hz, Full-HD) durch den E2DE-Receiver geleitet. Daher würden die benötigten Pseudo-Zufallszahlen nicht rechtzeitig bereitstehen, um alle RGB-Blöcke ohne Verzögerung zu entschlüsseln.

Von den drei getesteten Methoden bietet ② eine erhöhte Sicherheit und ist trotz der langen Kommunikations- und Berechnungszeit von fast 3 Sekunden im E2DE-Kontext verwendbar. Diese Berechnung muss nur bei einem neuen E2DE-verschlüsselten Bild bzw. bei Änderung des AES-Schlüssels und somit einem geänderten Ciphertext durchgeführt werden. Diese ändern sich jedoch selten und können ggf. auch für eine komplette Sitzung unverändert bleiben, ohne die Sicherheit zu reduzieren. Durch diesen wahrnehmbaren zusätzlichen Zeitbedarf und den dadurch auch zeitweise verschlüsselt dargestellten Bildschirmbereich, ist auch für den Benutzer erkenntlich, dass er nun auf einer verschlüsselten Seite arbeitet.

5.4 Diskussion möglicher Angriffsvektoren und Schwachstellen

Die End-to-Display-Verschlüsselung hat sich in den vorherigen Abschnitten als anwendbares und effizient einsetzbares Mittel gegen Datendiebstahl erwiesen. In diesem Kapitel werden die Möglichkeiten eines Angreifers die Daten zu stehlen, zu manipulieren und zu stören besprochen.

5.4.1 Abhören der unverschlüsselten Daten durch einen Angreifer

Das Ziel eines Angreifers, sei es der Benutzer selbst oder ein externer Angreifer, ist es meist, die Originaldaten abzugreifen. Dies kann er entweder durch den Zugriff auf die Daten vor der Verschlüsselung, nach der Entschlüsselung erreichen oder durch Entschlüsselung der verschlüsselten Daten.

Die möglichen Zugriffspunkte sind in Abbildung 5.19 dargestellt. Diese sind:

① Der Server, der die Daten verschlüsselt und versendet.

② Der Übertragungsweg z.B. das Internet.

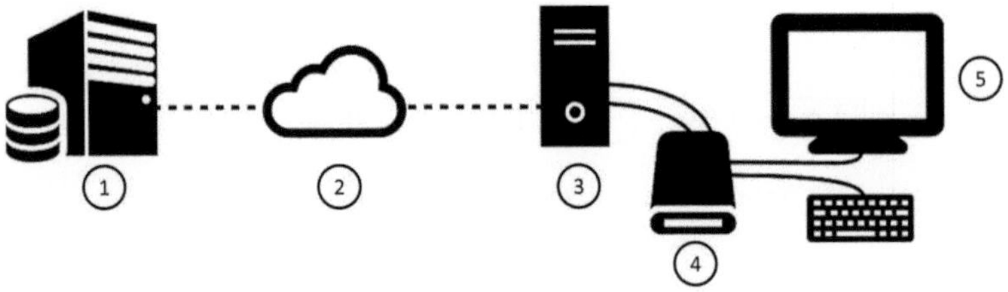

Abbildung 5.19: Übersicht der beteiligten Komponenten in einem E2DE-Aufbau

(3) Der empfangende Computer, der das verschlüsselte Bild darstellt.

(4) Der E2DE-Receiver, der das verschlüsselte Bild entschlüsselt.

(5) Der Bildschirm, auf dem das entschlüsselte Bild dargestellt wird.

An der Beschreibung ist bereits ersichtlich, dass die Punkte (1), (4) und (5) die jeweiligen Punkte sind, an denen auf unverschlüsselte Daten direkt zugegriffen werden kann. Im Fall des Servers (1) ist der Angriff besonders schwerwiegend, da nicht nur auf die konkreten Daten zugegriffen werden könnte, sondern auch auf weitere Daten. Der Schutz dieses Servers ist daher besonders wichtig und sollte sehr ernst genommen werden. Dies ist jedoch außerhalb des Einflusses des in dieser Arbeit diskutierten E2DE-Ansatzes. Sollte ein Angreifer vollen Zugriff auf die Daten des Servers erhalten, so könnte er auch Zugriff auf Schlüsseldaten erhalten, was für einen "Man-in-the-Middle"-Angriff verwendet werden könnte, wie im folgenden Abschnitt dargestellt wird.

Der Punkt (4) betrifft den E2DE-Receiver, eine Hardwarebox, die mit dem Computer nur per HDMI-Kabel verbunden ist. Ein direkter Zugriff auf unverschlüsselte Daten ist durch einen entfernten Angreifer daher nur sehr schwer möglich, da die Kommunikation nur unidirektional stattfindet. Sollte der Benutzer der Angreifer sein und versuchen wollen, seinen privaten Schlüssel zu extrahieren, um die verschlüsselten Informationen außerhalb des E2DE-Aufbaus zu entschlüsseln, so kann dies durch die Verwendung des OTP-Hardwareankers verhindert werden. Es besteht die Möglichkeit für einen Angreifer, den OTP aus dem Chip zu extrahieren. Dies könnte durch Hardwareanalyse oder Seitenkanalattacken möglich sein. Der Aufwand wäre jedoch groß. Zudem gibt es Möglichkeiten bei der Implementierung, dies zu erschweren oder zu verhindern. [SMG17] In einer weiteren Ausführung könnte zudem der OTP bei der Herstellung des Chips direkt eingebrannt werden und wäre dadurch noch schwerer extrahierbar.

Es verbleibt Punkt (5), an dem unverschlüsselte Daten vorliegen. Der Monitor ist die Schnittstelle, an der ein autorisierter Benutzer die Daten sehen soll. Dementsprechend kann dieser auch z.B. per Foto[11] die Daten entwenden. Ebenso könnte er sie sich merken oder abschreiben. Dies kann nur sehr schwer verhindert werden. Auch der Anschluss eines Videorekorders

[11] Ein Screenshot ist hier nicht ausreichend, da dieser nicht auf dem Monitor direkt stattfindet, sondern auf dem Framebuffer des Computers, in dem nur verschlüsselte Daten vorliegen.

zwischen E2DE-Receiver und Monitor ist denkbar. Diese Methoden wären jedoch gerade im Büro auffällig und sollten zu einer Überprüfung führen. Zudem sind sie aufwendiger als das Verschieben einer Datei auf einen USB-Stick. Eine Absicherung dieser Zugänge ist nicht Gegenstand dieser Arbeit.

Bleiben die Positionen (2) und (3), der Übertragungsweg und der darstellende Computer. Der Übertragungsweg ist bei der Verwendung eines entsprechenden Schlüssels gleich sicher wie PGP oder TLS.

Der darstellende Computer ist in diesem Kontext als Teil der Übertragungsstrecke zu verstehen und ist auch bei vollem Zugriff eines Angreifers gleich sicher wie die Übertragung selbst.

5.4.2 Manipulation der Daten

Wie gezeigt, ist das Abgreifen der unverschlüsselten Daten zwischen Server und Display nicht in großem Umfang möglich, sofern der Server entsprechend gesichert ist. Jedoch gibt es Szenarien, in denen es dem Angreifer reichen würde, die angezeigten Daten zu manipulieren, um Fehlinformationen zu verbreiten. Eine solche Manipulation der Daten ist nur dann unbemerkt möglich, wenn der verschlüsselte Inhalt komplett ersetzt wird. Bei der Vollbildverschlüsselung muss also das gesamte Bild ersetzt werden und bei der linienbasierten Verschlüsselung muss die komplette Zeile ersetzt werden, da sonst falsche Entschlüsselungen eine Überlagerung erkennbar machen würden.

Wird der verschlüsselte Bereich ausgetauscht und durch ein unverschlüsseltes Bild ersetzt, so könnte dies durch eine LED am Gerät sichtbar gemacht werden, die anzeigt, ob gerade eine Entschlüsselung stattfindet. Zudem ist bei einer neu gestarteten Session kurz das verschlüsselte Bild zu sehen, woran sich der Benutzer hoffentlich gewöhnt und sich wundert, wenn dieses einmal nicht zu sehen war. Zudem kann die Verschlüsselung durch das Bewegen der Maus sichtbar gemacht werden, was im folgenden Abschnitt unter dem Aspekt der Robustheit besprochen wird. Die Maus wird invertiert. Dies könnte natürlich auch durch einen Trojaner simuliert werden. Daher bleibt als letzter Schritt, um sicher zu sein, dass das Bild gerade entschlüsselt wird, die Smartkarte aus dem Gerät zu entfernen oder einen Knopf am E2DE-Receiver zu drücken, der die Funktion pausiert. Dies ist für den Computer nicht sichtbar und daher auch nicht durch einen Trojaner oder „Man-in-the-Middle“ simulierbar.

Sollte der „Man-in-the-Middle“ den öffentlichen Schlüssel und, je nach Konfiguration, auch den OTP des Benutzer kennen, so könnte er das Bild nicht nur unverschlüsselt überschreiben, sondern auch komplett ersetzen. Eine Möglichkeit zur Signierung bzw. zur Authentifizierung des signierten verschlüsselten Bildes ist aktuell nicht vorgesehen, wäre technisch jedoch möglich. Insbesondere im Businessumfeld wäre denkbar, dass auf der Smartkarte eines Mitarbeiters neben dem privaten Schlüssel auch ein Zertifikat der Firma hinterlegt ist und angesprochen werden kann, um die Signatur zu bestätigen. Eine Entschlüsselung würde dann nur gestartet, wenn die Signatur als valide erkannt wurde.

5.4.3 Robustheit

Wie im vorhergehenden Abschnitt erwähnt, kann bereits ein Mauszeiger eine Störung des entschlüsselten Bildes hervorrufen. Dies ist in Abbildung 5.20 dargestellt. Hier ist in Abbildung

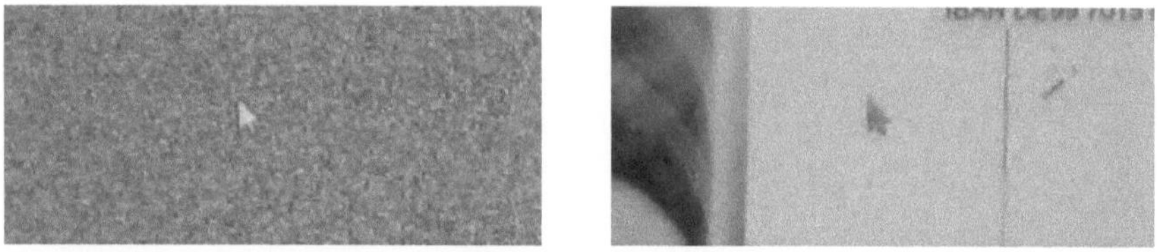

(a) Mauszeiger auf verschlüsseltem Bild

(b) Mauszeiger auf entschlüsseltem Bild

Abbildung 5.20: Durch einen Mauszeiger verursachte Störung der Entschlüsselung in einer Vollbildverschlüsselung. Links ohne E2DE-Receiver, rechts mit E2DE-Receiver

5.20a zu sehen wie der Mauszeiger normal über einem verschlüsseltem Bild liegt. Wird dieses Bild nun durch einen E2DE-Receiver entschlüsselt, wie in Abbildung 5.20b zu sehen ist, wird der Mauszeiger entschlüsselt, obwohl er nicht passend verschlüsselt wurde. Somit ist er als Störung im entschlüsselten Bild erkennbar.
Dieses Phänomen tritt ebenso ein, wenn andere Fenster oder Elemente das verschlüsselte Bild im verschlüsselten Bereich überlagern. Überlagern diese Elemente die Headerinformationen, treten Effekte auf, wie sie bereits in Abschnitt 4.2 im Zusammenhang mit dem Aus-dem-Bild-Scrollen der Header Informationen thematisiert wurden. Eine Entschlüsselung ist in diesen Fällen nicht mehr möglich und es bleibt bei dem verschlüsselten Bild.

6 Zusammenfassung und Ausblick

Der Schutz von Daten wird immer wichtiger, seien es persönliche oder geschäftliche Daten. Um geschäftliche Daten vor externen wie internen Angreifern zu schützen, gibt es verschiedene Systeme, von denen jedoch keines alle Funktionen, die in dieser Arbeit als wichtig identifizierte Funktionen erfüllen kann. Diese Funktionen sind die Begrenzung des Zugriffs auf die Daten nur für autorisierte Benutzer, eine abhörsichere Übertragung der Daten vom Server zum Benutzer und die Möglichkeit, diese Daten auch abhörsicher zu bearbeiten, ohne dass dabei ein Screenshot von den Daten gemacht werden kann. Diese Funktionen sollen dazu ein flüssiges Arbeiten, also mindestens mit 12 fps, ohne spürbare Qualitätseinschränkungen ermöglichen. Die in dieser Arbeit dargestellte Lösung hierfür lautet End-to-Display-Verschlüsselung und ist eine pixelbasierte Verschlüsselung für Stand- und Bewegtbilder. Für Standbilder eignet sich die Vollbildverschlüsselung der E2DE, da diese die beste Qualität überträgt. Für die Darstellung von Bewegtbildern bzw. sich ändernden Grafiken ist die linienbasierte End-to-Display-Verschlüsselung besser geeignet, da sie die Möglichkeit bietet sich ändernde Teilbereiche neu zu übertragen. Dies reduziert die zu übertragene Datenmenge und erhöht gleichzeitig die mögliche Bildrate.

Für beide Ver- und Entschlüsselungen wurden Systeme entwickelt, die verschlüsselte Bilder erzeugen sowie Hardware, die diese Bilder im HDMI-Grafikstrom erkennt und entschlüsselt.

Die Ergebnisse lassen sich dahingehend zusammenfassen, dass die End-to-Display-Verschlüsselung, egal in welcher Ausprägung, ein höheres Sicherheitsniveau bereitstellt als es aktuell verfügbare Systeme ermöglichen, wie in Tabelle 6.1 dargestellt. Insbesondere die Kombination aus Display-Verschlüsselung und Tastatur-Verschlüsselung macht ein nichtabhörbares Arbeiten möglich, was viele Systeme nicht unterstützen. So sind bisher genutzte Methoden wie das Wasserzeichen und DRM leicht zu umgehen. Die Ende-zu-Ende-Verschlüsselung ist nur eine Transportsicherung und kann durch einen Angreifer auf dem Endgerät abgehört werden. Ebenso ist die Verwendung einer abgesicherten Virtualisierungslösung, Citrix Workspace, auf dem Endgerät angreifbar, wobei Citrix die Datenbasis zumindest auf einem hoffentlich gesicherten Server vorhält. Zwar kann hier die pixelbasierte Verschlüsselung BLINK[ACWC09][CCC+09] die dargestellten Daten ebenso sichern, jedoch sieht diese Lösung keine Optimierungen der übertragenen Daten vor und das Schlüsselmanagement ist zudem nur unzureichend konzipiert. Keine der bekannten Lösungen kann sich zudem gegen das Abhören eingegebener Daten durch einen Software- oder Hardware-Keylogger absichern. Diese Sicherheit ist nur durch die Kombination der End-to-Display-Verschlüsselung mit der Tastaturverschlüsselung KeySAR möglich.

Durch die Erweiterung der Verschlüsselung durch Optimierungsmethoden wie linienbasierte Verschlüsselung und die effiziente Pixel-Kompression sind auch die Laufzeiten sowie die Datengröße in einem Bereich, der flüssiges Arbeiten ermöglicht. So konnte gezeigt werden, dass bei der Verschlüsselung im Grafiktreiber einer Linux-Maschine eine Bildfrequenz von mehr

Abschlussvergleich					
	Zugriff nur für autorisierte Benutzer	**Abhör-sichere Über-tragung**	**Abhör-sichere Bear-beitung**	**Verhinderung Klartext Screenshot**	**Bewegt-bilder >12fps**
Wasserzeichen	×	×	×	×	✓
E2EE	○	✓	×	×	✓
DRM	✓	✓	×	○	✓
Citrix	✓	✓	×	×	✓
BLINK	×	✓	×	✓	×
E2DE+KeySAR	**✓**	**✓**	**✓**	**✓**	**✓**

Tabelle 6.1: Vergleich der dargestellten Lösung zum Stand der Technik ,✓: möglich, ×: nicht möglich/-nicht beschrieben, ○: implementierungsabhängig

als 17 Frames pro Sekunde möglich ist. Dies ist ausreichend für ein flüssiges Arbeiten.
Die Dateigröße der linienbasiert verschlüsselten Bilder ist zwischen 15% (v2-EPiK) und 450% (v2-gif) kleiner als die Bilder der Vollbildverschlüsselung. Durch die Verschlüsselung mit EPiK wird zudem die Verschlüsselungszeit durchschnittlich 8% kürzer als bei der Verschlüsselung mit Bit-Reduktion. Dabei erzeugt EPiK von allen linienbasierten Methoden die Bilder mit den geringsten Störungen im Vergleich zum Ausgangsbild.
Zum System der End-to-Display-Verschlüsselung gehört neben der Verschlüsselung und Kompression auch das System des Schlüsselmanagements. Die Verteilung der Schlüssel kann hier entweder über eine Smartkarte oder durch das Einbringen eines festen Schlüssels in die Hardware erfolgen. Auch eine Kombination des beiden Methoden ist möglich. Neben der Authentifizierung des Geräts bzw. des Benutzers, ist aber auch eine Möglichkeit der Schlüsselaushandlung möglich. Hier authentifiziert nicht E2DE selbst den Benutzer, sondern sichert nur die Übertragung der Daten.
Die linienbasierte End-to-Display-Verschlüsselung zusammen mit der Tastaturverschlüsselung KeySAR und der effizienten Pixel-Kompression EPiK bietet daher ein umfassendes System zur Übertragung von verschlüsselten Daten, die zwar gelesen und bearbeitet werden sollen, jedoch weder von einem externen Angreifer, noch dem Benutzer selbst durch einen einfachen Screenshot kopiert oder durch Keylogger abgehört werden können.
Zudem ist es durch die Verwendung der E2DEVC, der Verschlüsselung auf Video Codec Basis, möglich, die zu übertragende Menge weiter zu reduzieren und auch die Bildfrequenz zu erhöhen.

Ausblick

Die End-to-Display-Verschlüsselung in der jetzigen Form, bietet eine gute Ausgangsposition um weitere Entwicklungen vorzunehmen. Da die Grundentwicklung und erste Anwendungen existieren, kann die Technologie in weitere Anwendungen implementiert und weitere An-

wendungsfelder exploriert werden. So können Implementierungen von E2DE in Programmen wie in Citrix, RDP oder virtuellen Maschinen vorgenommen und erweitert werden. Auch der KeySAR-Ansatz sollte hier mit implementiert werden und dadurch eine realitätsnahe Untersuchungen der Nutzerakzeptanz ermöglichen. Die Kompression mit EPiK ist in Bezug auf den Qualitätsverlust optimal, doch durch eine effiziente Erkennung der neu zu übertragenden Zeilen, könnte die Frequenz weiter erhöht werden. Dies würde auch die Datenmenge weiter reduzieren. Effiziente Algorithmen hierfür sollten getestet werden, um sie anschließend in den oben genannten Implementierungen zu verwenden.
Eine weitere Verbesserung von E2DE wäre die Einführung von Signaturen. Diese würden die Sicherheit weiter erhöhen. Dadurch könnten "Man-in-the-middle"-Attacken verhindert werden.
Für die E2DEVC fehlt bisher eine Implementierung in der Hardware. Diese würde eine Kombination von E2DEVC und KeySAR ermöglichen und dadurch ein noch flüssigeres Arbeiten ermöglichen oder auch die Absicherung von Videos mit mehr als 24fps ermöglichen.
Abgesehen von den bereits vorgestellten Techniken, würden sich die gezeigten Prinzipien auch auf andere Anwendungsfelder erweitern lassen. So ist zu prüfen ob und wie es möglich ist den Audiokanal zu verschlüsseln um zum Beispiel Videotelefonie abhörsicher zu machen. HDCP bietet bereits die Möglichkeit das Audiosignal zu verschlüsseln, jedoch gibt es hier keinen gesicherten Rückkanal.

Literaturverzeichnis

[ACWC09] ATAKLI, Idris ; CHEN, Yu ; WU, Qing ; CRAVER, Scott: BLINK: Pixel-domain Encryption for Secure Document Management. In: *Proceedings of the 11th ACM Workshop on Multimedia and Security*. New York, NY, USA : ACM, 2009 (MM&Sec '09). – ISBN 978–1–60558–492–8, 171–176

[Ass94] ASSMANN, Jan: Zur Ästhetik des Geheimnisses Kryptographie als Kalligraphie im alten Ägypten. In: *Internationale Forschungen zur allgemeinen und vergleichenden Literaturwissenschaft* (1994), Nr. 7, S. 175–186

[baf15] BUNDESANSTALT FINANZDIENSTLEISTUNG: Zahlungen im Internet Neues Rundschreiben: Mindestanforderungen an die Sicherheit. 2015. – Forschungsbericht

[Bar92] BARNSTON, Anthony G.: Correspondence among the correlation, RMSE, and Heidke forecast verification measures; refinement of the Heidke score. In: *Weather and Forecasting* 7 (1992), Nr. 4, S. 699–709

[BB16a] BURG, Sebastian ; BRINGMANN, Oliver: *Verschlüsselungs-Pixelmatrix; Verfahren zu ihrer Erzeugung; Bilddatei, Videodatei und Videodatenstrom mit einer solchen Pixelmatrix, Verfahren zur Erzeugung einer Klarbildmatrix ausgehend von einer solchen Verschlüsselungs-Pixelmatrix sowie Dekodier-Einheit zur Durchführung dieses Verfahrens*. 12 2016 DE 10 2015 210 573.3

[BB16b] BURGER, Wilhelm ; BURGE, Mark J.: *Digital Image Processing: An Algorithmic Introduction Using Java*. 2nd. Springer Publishing Company, Incorporated, 2016. – ISBN 1447166833, 9781447166832

[BBP16] BURG, Sebastian ; BRINGMANN, Oliver ; PETERSON, Dustin: *Verfahren und System zur Verschlüsselung von Tastendrücken*. 12 2016 DE 10 2015 210 573.3

[BCB16] BURG, S. ; CHANNAKESHAVA, P. ; BRINGMANN, O.: Linebased end-to-display encryption for secure documents. In: *2016 IEEE International Conference on Identity, Security and Behavior Analysis (ISBA)*, 2016, S. 1–6

[Beu14] BEUTELSPACHER, A.: *Kryptologie: Eine Einführung in die Wissenschaft vom Verschlüsseln, Verbergen und Verheimlichen*. Springer Fachmedien Wiesbaden, 2014 `https://books.google.de/books?id=krvQoQEACAAJ`. – ISBN 9783658059750

[BFNR08] BORCHERT, Bernd ; FOUQUET, Marc ; NIEDERMAYER, Heiko ; REINHARDT, Klaus: *Verfahren und System zur bidirektionalen, abhör- und manipulationssicheren Übertragung von Informationen über ein Netzwerk sowie Dekodiereinheit.* 12 2008 DE 10 2008 062872 A1

[BH18] BERG, Achim ; HALDENWANG, Thomas: Wirtschaftsschutz in der Industrie / bitkom. 2018. – Forschungsbericht

[bka18] *Gesetz über das Bundeskriminalamt und die Zusammenarbeit des Bundes und der Länder in kriminalpolizeilichen Angelegenheiten (Artikel 1 des Gesetzes über das Bundeskriminalamt und die Zusammenarbeit des Bundes und der Länder in kriminalpolizeilichen Angelegenheiten) - BKAG.* 2018. – ISBN 978–3–731–40169–8

[BM17] BERG, Achim ; MAASSEN, Hans-Georg: Wirtschaftsschutz in der digitalen Welt / bitkom. 2017. – Forschungsbericht

[BNYG08] BEAUMONT, Mark Robert G. ; NORTH, Christopher James G. ; YIU, Kenneth Kwok-Hei ; GREEN, Joshua D.: *DIGITAL VIDEO GUARD.* 12 2008 AU 20089.06649

[BPB15] BURG, Sebastian M. ; PETERSON, Dustin ; BRINGMANN, Oliver: End-to-Display Encryption: A Pixel-Domain Encryption with Security Benefit. In: *Proceedings of the 3rd ACM Workshop on Information Hiding and Multimedia Security.* New York, NY, USA : ACM, 2015 (IH&MMSec '15). – ISBN 978–1–4503–3587–4, 123–128

[Bre90] BRENT, Richard P.: Parallel algorithms for integer factorisation. In: *Number theory and cryptography* 154 (1990), S. 26–37

[Bro05] BRONSTEJN, Ilja N.: *Taschenbuch der Mathematik.* Frankfurt am Main : Harri Deutsch, 2005. – ISBN 9783817120062

[bsi18] BUNDESAMT FÜR SICHERHEIT IN DER INFORMATIONSTECHNIK: Technische Richtlinie – Kryptographische Algorithmen und Schlüssellängen. 2018 (2018-01). – Forschungsbericht

[CC14] CYBERSECURITY, National ; CENTER, Communications I.: Combating the Insider Threat / United States Computer Emergency Readiness Team. Version: Mai 2014. `https://www.us-cert.gov/sites/default/files/publications/Combating%20the%20Insider%20Threat_0.pdf`. 2014. – Forschungsbericht

[CCC+09] CRAVER, S. ; CHEN, Y. ; CHEN, H. ; YU, J. ; ATAKLI, I. M.: BLINK: Securing Information to the Last Connection. In: *2009 6th IEEE Consumer Communications and Networking Conference*, 2009. – ISSN 2331–9852, S. 1–2

[CCCMK10] CHEDDAD, Abbas ; CONDELL, Joan ; CURRAN, Kevin ; MC KEVITT, Paul: Digital image steganography: Survey and analysis of current methods. In: *Signal processing* 90 (2010), Nr. 3, S. 727–752

[Che16] CHECK, Project Virtual R.: State of the VDI and SBC union 2015 / Project Virtual Reality Check. 2016. – Forschungsbericht

[CN01] CHEN, Peter M. ; NOBLE, Brian D.: When Virtual Is Better Than Real. In: *Hot Topics in Operating Systems* (2001)

[Coc73] COCKS, C C.: A NOTE ON 'NON-SECRET ENCRYPTION'. (1973)

[Com16] COMMITTEE, Standardization: Exchangeable image file format for digital still cameras: Exif Version 2.31. 2016. – Forschungsbericht

[CSPN13] CHAKRABORTY, R. S. ; SAHA, I. ; PALCHAUDHURI, A. ; NAIK, G. K.: Hardware Trojan Insertion by Direct Modification of FPGA Configuration Bitstream. In: *IEEE Design Test* 30 (2013), April, Nr. 2, S. 45–54. http://dx.doi.org/10.1109/MDT.2013.2247460. – DOI 10.1109/MDT.2013.2247460. – ISSN 2168–2356

[CT65] COOLEY, James W. ; TUKEY, John W.: An Algorithm for the Machine Calculation of Complex Fourier Series. In: *Mathematics of Computation* 19 (1965), Nr. 90, 297-301. http://www.jstor.org/stable/2003354. – ISSN 00255718, 10886842

[Deu96] DEUTSCH, Peter: DEFLATE Compressed Data Format Specification version 1.3 / Network Working Group. Version: May 1996. https://www.rfc-editor.org/rfc/rfc1951.txt. RFC Editor, May 1996 (1951). – RFC. – 1–56 S.. – ISSN 2070–1721

[DG70] DETHLOFF, Jürgen ; GRÖTTRUP, Helmut: *Identifizierungsschalter*. 07 1970 DE Patent 1945777

[DG96] DEUTSCH, L. P. ; GAILLY, Jean-Loup: ZLIB Compressed Data Format Specification version 3.3 / Network Working Group. Version: May 1996. https://www.rfc-editor.org/rfc/rfc1950.txt. RFC Editor, May 1996 (1950). – RFC. – 1–56 S.. – ISSN 2070–1721

[DH76] DIFFIE, W. ; HELLMAN, M.: New Directions in Cryptography. In: *IEEE Trans. Inf. Theor.* 22 (1976), November, Nr. 6, 644–654. http://dx.doi.org/10.1109/TIT.1976.1055638. – DOI 10.1109/TIT.1976.1055638. – ISSN 0018–9448

[DH79] DIFFIE, W. ; HELLMAN, M. E.: Privacy and authentication: An introduction to cryptography. In: *Proceedings of the IEEE* 67 (1979), March, Nr. 3, S. 397–427. http://dx.doi.org/10.1109/PROC.1979.11256. – DOI 10.1109/PROC.1979.11256. – ISSN 0018–9219

[DKT07] DAVID, J. P. ; KALACH, K. ; TITTLEY, N.: Hardware Complexity of Modular Multiplication and Exponentiation. In: *IEEE Transactions on Computers* 56 (2007), Oct, Nr. 10, S. 1308–1319. http://dx.doi.org/10.1109/TC.2007.1084. – DOI 10.1109/TC.2007.1084. – ISSN 0018–9340

[DLWH07] DE LUCA, Alexander ; WEISS, Roman ; HUSSMANN, Heinrich: PassShape: stroke based shape passwords. In: *Proceedings of the 19th Australasian Conference on Computer-Human interaction: Entertaining User interfaces* ACM, 2007, S. 239–240

[DR01] DAEMEN, Joan ; RIJMEN, Vincent: *The Design of Rijndael.* 2001

[DR08] DIERKS, T. ; RESCORLA, E.: RFC 5246 - The Transport Layer Security (TLS) Protocol Version 1.2. Version: August 2008. http://tools.ietf.org/html/rfc5246. IETF, August 2008. – Forschungsbericht

[EJ96] EBU/CENELEC/ETSI-JTC: ETR 289 - Digital Video Broadcasting (DVB); Support for use of scrambling and Conditional Access (CA) within digital broadcasting systems / European Telecommunications Standards Institute. Version: 1996. https://www.etsi.org/deliver/etsi_etr/200_299/289/01_60/etr_289e01p.pdf. 1996. – Forschungsbericht

[EJ11] EBU/CENELEC/ETSI-JTC: ETSI TS 100 289 - Digital Video Broadcasting (DVB);Support for use of the DVB Scrambling Algorithm version 3 within digital broadcasting systems / European Telecommunications Standards Institute. Version: 2011. https://www.etsi.org/deliver/etsi_ts/100200_100299/100289/01.01.01_60/ts_100289v010101p.pdf. 2011. – Forschungsbericht

[ezb13] EUROPEAN CENTRAL BANK - EUROSYSTEM: RECOMMENDATIONS FOR THE SECURITY OF INTERNET PAYMENTS. 2013. – Forschungsbericht

[Ger51] GERKE, Friedrich C.: *Der praktische Telegraphist oder die electro-magnetische Telegraphie nach dem Morse'schen System zunächst auch als Handbuch für angehende Telegraphisten vollst. und umfassend aus eigener praktischer Erfahrung dargest.* Hoffmann und Campe, 1851 http://reader.digitale-sammlungen.de/de/fs1/object/display/bsb10431420_00005.html

[Ger92] GERY, Ron: Dibs and their use. In: *Microsoft Developer Network Technology Group, http://msdn. microsoft. com/en-us/library/ms969901. aspx* (1992)

[Ges18] GESETZE, Aktuelle: *StPO, Strafprozessordnung, Aktuelle Gesetze - Strafprozessordnung Mit Nebengesetzen.* Ort : CreateSpace Independent Publishing Platform, 2018. – ISBN 978–1–986–06612–9

[Gro99] GROUP, Digital Display W.: Digital Visual Interface DVI. 1999. – Forschungsbericht

[Gro16] GROUP, SMG Information Security M.: EMAIL SECURITY: SOCIAL ENGINEERING REPORT / AGARI. 2016. – Forschungsbericht

[hdc09] DIGITAL CONTENT PROTECTION LLC: High-bandwidth Digital Content Protection System. Version: 2009. https://www.digital-cp.com/sites/default/files/specifications/HDCP%20Specification%20Rev1_4_Secure.pdf. 2009. – Standard

[hdc13] DIGITAL CONTENT PROTECTION LLC: High-bandwidth Digital Content Protection System Revision 2.2. Version: 2013. https://www.digital-cp.com/sites/default/files/specifications/HDCP%20Specification%20Rev1_4_Secure.pdf. 2013. – Standard

[hdc18] DIGITAL CONTENT PROTECTION LLC: High-bandwidth Digital Content Protection System Revision 2.3. Version: 2018. https://www.digital-cp.com/sites/default/files/specifications/HDCP%20Specification%20Rev1_4_Secure.pdf. 2018. – Standard

[Her18] HERNANDEZ, Eric: *CECS 347 - Microprocessors and Controllers II.* February 2018

[HL03] HDMI LICENSING, LLC: High-Definition Multimedia Interface Specification. 2003. – Forschungsbericht

[Huf52] HUFFMAN, D. A.: A Method for the Construction of Minimum-Redundancy Codes. In: *Proceedings of the IRE* 40 (1952), Sept, Nr. 9, S. 1098–1101. http://dx.doi.org/10.1109/JRPROC.1952.273898. – DOI 10.1109/JRPROC.1952.273898. – ISSN 0096–8390

[ISO91] INTERNATIONAL ORGANIZATION FOR STANDARDIZATION: Information technology – ISO 7-bit coded character set for information interchange. Geneva, CH, März 1991. – Standard

[ISO98] *Information technology – Coding of audio-visual objects.* 1998

[ISO06a] INTERNATIONAL ORGANIZATION FOR STANDARDIZATION: Photography – Digital still cameras – Determination of exposure index, ISO speed ratings, standard output sensitivity, and recommended exposure index. Geneva, CH, 2006. – Standard

[ISO06b] INTERNATIONAL ORGANIZATION FOR STANDARDIZATION: Identification cards – Integrated circuit cards – Part 3: Cards with contacts – Electrical interface and transmission protocols. Geneva, CH, 2006. – Standard

[ISO16] INTERNATIONAL ORGANIZATION FOR STANDARDIZATION: MPEG systems technologies – Part 7: Common encryption in ISO base media file format files. Geneva, CH, 2016. – Standard

[Itu93] ITU, T.: JPEG Standard, JPEG ISO/IEC 10918-1. Version: 1993. http://www.cmpcmm.com/cc/standards.html. 1993. – Forschungsbericht

[JBDS08] J. BARKER, Katherine ; D'AMATO, Jackie ; SHERIDON, Paul: Credit card fraud: awareness and prevention. 15 (2008), 10, S. 398–410

[Ker83] KERCKHOFFS, Auguste: La cryptographie militaire. In: *Journal des sciences militaires* IX (1883), Januar, 5–83. http://www.petitcolas.net/fabien/kerckhoffs/

[KK09] KARPFINGER, Christian ; KIECHLE, Hubert: *Kryptologie: Algebraische Methoden und Algorithmen (German Edition).* Vieweg+Teubner Verlag, 2009. – ISBN 3834808849

[KM92] KURAK, C. ; MCHUGH, J.: A cautionary note on image downgrading. In: *[1992] Proceedings Eighth Annual Computer Security Application Conference*, 1992, S. 153–159

[KO63] KARATSUBA, A. ; OFMAN, Y.: Multiplication of Multidigit Numbers on Automata. In: *Soviet Physics Doklady* 7 (1963), Januar, S. 595

[Kra75] KRAUSE, E.F.: *Taxicab geometry.* Addison-Wesley Pub. Co., 1975 (Addison-Wesley Innovative Series). https://books.google.de/books?id=AYIpAQAAMAAJ

[LG11] LOMB, Benno ; GUNEYSU, Tim: Decrypting HDCP-protected Video Streams Using Reconfigurable Hardware. In: *Proceedings of the 2011 International Conference on Reconfigurable Computing and FPGAs.* Washington, DC, USA : IEEE Computer Society, 2011 (RECONFIG '11). – ISBN 978–0–7695–4551–6, 249–254

[LKG+09] LIN, Lang ; KASPER, Markus ; GÜNEYSU, Tim ; PAAR, Christof ; BURLESON, Wayne: Trojan side-channels: lightweight hardware trojans through side-channel engineering. In: *Cryptographic Hardware and Embedded Systems-CHES 2009.* Springer, 2009, S. 382–395

[Mer78] MERKLE, Ralph C.: Secure Communications over Insecure Channels. In: *Commun. ACM* 21 (1978), April, Nr. 4, 294–299. http://dx.doi.org/10.1145/359460.359473. – DOI 10.1145/359460.359473. – ISSN 0001–0782

[Mor78] MORENO, R.: *Systems for storing and transferring data.* https://encrypted.google.com/patents/US4092524. Version: Mai 30 1978. – US Patent 4,092,524

[mor09] INTERNATIONAL TELECOMMUNICATION UNION: International Morse code. Version: 2009. https://www.itu.int/dms_pubrec/itu-r/rec/m/R-REC-M.1677-1-200910-I!!PDF-E.pdf. 2009. – Forschungsbericht. – Recommendation ITU-R M.1677-1

[MSKGB14] MAL-SARKAR, Sanchita ; KRISHNA, Aswin ; GHOSH, Anandaroop ; BHUNIA, Swarup: Hardware trojan attacks in fpga devices: threat analysis and effective counter measures. In: *Proceedings of the 24th Edition of the Great Lakes Symposium on VLSI* ACM, 2014, S. 287–292

[Nor12] NORVIG, Peter: English Letter Frequency Counts: Mayzner Revisited. Version: 2012. http://norvig.com/mayzner.html. 2012. – Forschungsbericht

[NS95] In: NAOR, Moni ; SHAMIR, Adi: *Visual cryptography*. Berlin, Heidelberg : Springer Berlin Heidelberg, 1995. – ISBN 978–3–540–44717–7, 1–12

[Par18] PARTNERS, Crowd R.: Insider Threat Report 2018 / ca technologies. 2018. – Forschungsbericht

[RC67] ROBINSON, A. H. ; CHERRY, C.: Results of a prototype television bandwidth compression scheme. In: *Proceedings of the IEEE* 55 (1967), March, Nr. 3, S. 356–364. http://dx.doi.org/10.1109/PROC.1967.5493. – DOI 10.1109/PROC.1967.5493. – ISSN 0018–9219

[Rej80] REJEWSKI, Marian: An application of the theory of permutations in breaking the Enigma cipher. In: *Applicationes mathematicae* 4 (1980), Nr. 16, S. 543–559

[RK99] ROELOFS, Greg ; KOMAN, Richard: *PNG: the definitive guide*. O'Reilly & Associates, Inc., 1999

[RSA78] RIVEST, R. L. ; SHAMIR, A. ; ADLEMAN, L.: A Method for Obtaining Digital Signatures and Public-key Cryptosystems. In: *Commun. ACM* 21 (1978), Februar, Nr. 2, 120–126. http://dx.doi.org/10.1145/359340.359342. – DOI 10.1145/359340.359342. – ISSN 0001–0782

[Sal07] SALOMON, David: *Data Compression: The Complete Reference*. 2007. – xxv + 1092 S. – ISBN 1–84628–602–6. – With contributions by Giovanni Motta and David Bryant.

[Sch77] SCHATZ, V.L.: *Universal funds transfer and identification card*. https://encrypted.google.com/patents/US4001550. Version: Januar 4 1977. – US Patent 4,001,550

[Sch95] SCHNEIER, Bruce: *Applied Cryptography (2Nd Ed.): Protocols, Algorithms, and Source Code in C*. New York, NY, USA : John Wiley & Sons, Inc., 1995. – ISBN 0–471–11709–9

[Sem14] SEMICONDUCTORS, NXP: UM10204 I2C-bus specification and user manual / NXP Semiconductors. 2014. – Forschungsbericht

[SM08] SUN MICROSYSTEMS, Inc.: THE JAVA CARD 3 PLATFORM / Sun Microsystems, Inc. 2008. – Forschungsbericht

[SMG17] SASDRICH, Pascal ; MORADI, Amir ; GÜNEYSU, Tim: Hiding Higher-Order Side-Channel Leakage. In: HANDSCHUH, Helena (Hrsg.): *Topics in Cryptology – CT-RSA 2017*. Cham : Springer International Publishing, 2017. – ISBN 978–3–319–52153–4, S. 131–146

[SS82] STORER, James A. ; SZYMANSKI, Thomas G.: Data Compression via Textual Substitution. In: *J. ACM* 29 (1982), Oktober, Nr. 4, 928–951. `http://dx.doi.org/10.1145/322344.322346`. – DOI 10.1145/322344.322346. – ISSN 0004–5411

[SS06] SCHOLZE-STUBENRECHT, Werner: *Duden - Die deutsche Rechtschreibung. Bd. 1*. Mannheim : Dudenverlag, Bibliographisches Institut & F.A. Brockhaus, 2006. – ISBN 978–3–411–04014–8

[SU03] SAGE, D. ; UNSER, M.: Teaching Image-Processing Programming in Java. In: *IEEE Signal Processing Magazine* 20 (2003), November, Nr. 6, S. 43–52. – Using "Student-Friendly" ImageJ as a Pedagogical Tool

[Suz07] SUZUKI, Daisuke: How to Maximize the Potential of FPGA Resources for Modular Exponentiation. In: PAILLIER, Pascal (Hrsg.) ; VERBAUWHEDE, Ingrid (Hrsg.): *Cryptographic Hardware and Embedded Systems - CHES 2007*. Berlin, Heidelberg : Springer Berlin Heidelberg, 2007. – ISBN 978–3–540–74735–2, S. 272–288

[Tha08] THANT, Yi M.: Implementation of Sprite Animation for Multimedia Application, 2008

[Tho86] THOMAS, Spencer W.: Design of the Utah RLE format / Technical Report 86-15, Alpha_1 Project, CS Department, University of Utah. 1986. – Forschungsbericht

[TK10] TEHRANIPOOR, Mohammad ; KOUSHANFAR, Farinaz: A survey of hardware trojan taxonomy and detection. In: *IEEE design & test of computers* 27 (2010), Nr. 1

[TWW12] TEWS, Erik ; WÄLDE, Julian ; WEINER, Michael: Breaking DVB-CSA. In: ARMKNECHT, Frederik (Hrsg.) ; LUCKS, Stefan (Hrsg.): *Research in Cryptology*. Berlin, Heidelberg : Springer Berlin Heidelberg, 2012. – ISBN 978–3–642–34159–5, S. 45–61

[usb01] USB IMPLEMENTERS' FORUM: Universal Serial Bus (USB) – Device Class Definition for Human Interface Devices (HID). 2001. – Forschungsbericht

[VH09] VLISSIDIS, Paul ; HICKEY, Matthew: Thin Clients: Slim Security. In: *Whitepapers* NCC Group, 2009

[VH16] VINCENT HAUPERT, Tilo M.: Auf dem Weg verTAN: Über die Sicherheit App-basierter TAN-Verfahren. In: *Sicherheit 2016, Lecture Notes in Informatics (LNI)* (2016), S. 101–112

[WF83] WIDMER, A. X. ; FRANASZEK, P. A.: A DC-Balanced, Partitioned-Block, 8B/10B Transmission Code. In: *IBM Journal of Research and Development* 27 (1983), Sept, Nr. 5, S. 440–451. http://dx.doi.org/10.1147/rd.275.0440. – DOI 10.1147/rd.275.0440. – ISSN 0018–8646

[WW04] WEINMANN, Ralf-Philipp ; WIRT, Kai: Analysis of the DVB Common Scrambling Algorithm. In: *In Eighth IFIP TC-6 TC-11 Conference on Communications and Multimedia Security, CMS 2004. Proceedings*, Kluwer Academic Publishers, 2004

[ZH75] ZWICKER, E. ; HERLA, S.: On the Addition of Masking Effects. In: *Acta Acustica united with Acustica* 34 (1975), Nr. 2, 89-97. http://www.ingentaconnect.com/content/dav/aaua/1975/00000034/00000002/art00009

Index

Abbildungsverzeichnis

Tabellenverzeichnis

Algorithmen und Programmcodes

Anhang

A.1 ASCII-Tabelle

lesbare Zeichen der Ascii-Tabelle							
Dez	**Hex**	**Okt**	**Zeichen**	**Dez**	**Hex**	**Okt**	**Zeichen**
64	0x40	100	@	96	0x60	140	‘
65	0x41	101	A	97	0x61	141	a
66	0x42	102	B	98	0x62	142	b
67	0x43	103	C	99	0x63	143	c
68	0x44	104	D	100	0x64	144	d
69	0x45	105	E	101	0x65	145	e
70	0x46	106	F	102	0x66	146	f
71	0x47	107	G	103	0x67	147	g
72	0x48	110	H	104	0x68	150	h
73	0x49	111	I	105	0x69	151	i
74	0x4A	112	J	106	0x6A	152	j
75	0x4B	113	K	107	0x6B	153	k
76	0x4C	114	L	108	0x6C	154	l
77	0x4D	115	M	109	0x6D	155	m
78	0x4E	116	N	110	0x6E	156	n
79	0x4F	117	O	111	0x6F	157	o
80	0x50	120	P	112	0x70	160	p
81	0x51	121	Q	113	0x71	161	q
82	0x52	122	R	114	0x72	162	r
83	0x53	123	S	115	0x73	163	s
84	0x54	124	T	116	0x74	164	t
85	0x55	125	U	117	0x75	165	u
86	0x56	126	V	118	0x76	166	v
87	0x57	127	W	119	0x77	167	w
88	0x58	130	X	120	0x78	170	x
89	0x59	131	Y	121	0x79	171	y
90	0x5A	132	Z	122	0x7A	172	z
91	0x5B	133	[	123	0x7B	173	{
92	0x5C	134	\	124	0x7C	174	|
93	0x5D	135	]	125	0x7D	175	}
94	0x5E	136	^	126	0x7E	176	-
95	0x5F	137	_	127	0x7F	177	DEL

Tabelle A.1: Ausschnitt der ASCII-Tabelle der lesbaren Zeichen

A.2 Testbilder und Messwerte

Details der Testbilder					
Dateiname	**Gruppe**	**Zeilen**	**Spalten**	**Dateigröße (kB)**	**Abbildung**
excel01.PNG	office	768	1366	139	A.1a
excel02.PNG	office	768	1366	139	A.1b
excel03.PNG	office	768	1366	150	A.1c
excel04.PNG	office	768	1366	150	A.1d
excel05.PNG	office	768	1366	178	A.1e
excel06.PNG	office	768	1366	178	A.1f
MMSec2015E2DE-1.png	office	1100	850	254	A.4a
MMSec2015E2DE-2.png	office	1100	850	250	A.4b
MMSec2015E2DE-3.png	office	1100	850	317	A.4c
MMSec2015E2DE-4.png	office	1100	850	265	A.4d
MMSec2015E2DE-5.png	office	1100	850	394	A.4e
MMSec2015E2DE-6.png	office	1100	850	242	A.4f
powerpoint-1-m.png	office	747	958	399	A.3a
powerpoint-1-xxl.png	office	1200	1920	1.778	A.3b
powerpoint-2-m.png	office	747	958	318	A.3c
powerpoint-2-xxl.png	office	1200	1920	1.441	A.3d
word-l.png	office	1136	866	119	A.2b
word-m.png	office	747	958	90	A.2c
word-s.png	office	544	509	58	A.2d
word-xxl.png	office	1200	1920	143	A.2a
background.png	4c	1280	1920	3.928	A.5a
gui.png	4c	1477	1920	48	A.5b
lena.png	4c	512	512	194	A.5c
minecraft.png	4c	1018	1920	2.967	A.5d
peacock.png	4c	1280	1920	4.982	A.5e
plum.png	4c	1079	1920	4.007	A.5f
swan.png	4c	1226	1920	1.800	A.5g
test-pattern.png	4c	1200	1920	54	A.5h
tv-test-pattern.png	4c	1440	1920	63	A.5i

Tabelle A.2: Details der Testbilder

(a) excel01.png

(b) excel02.png

(c) excel03.png

(d) excel04.png

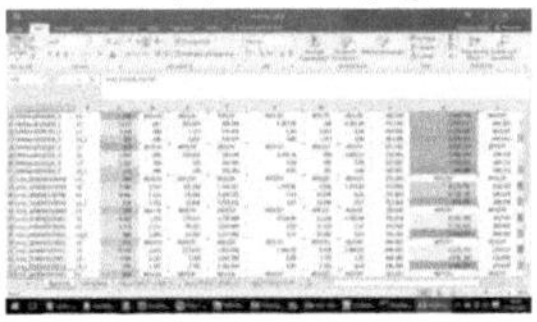

(e) excel05.png

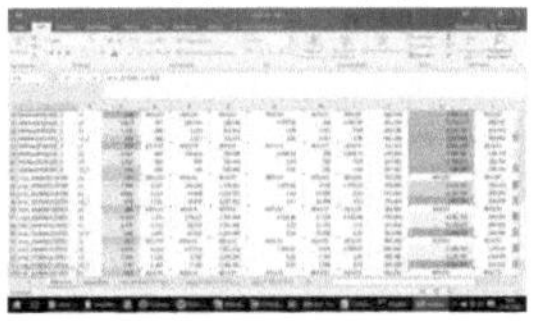

(f) excel06.png

Abbildung A.1: Testbilder aus Microsoft Office Excel mit aufbauendem Inhalt, Quelle: eigene Screenshots

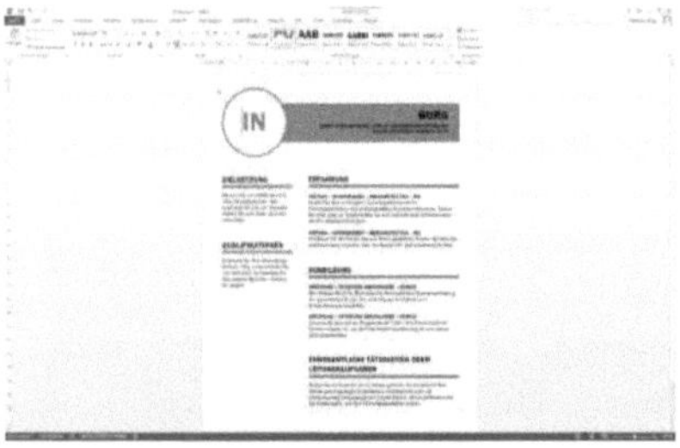

(a) word-xxl.png

(b) word-l.png

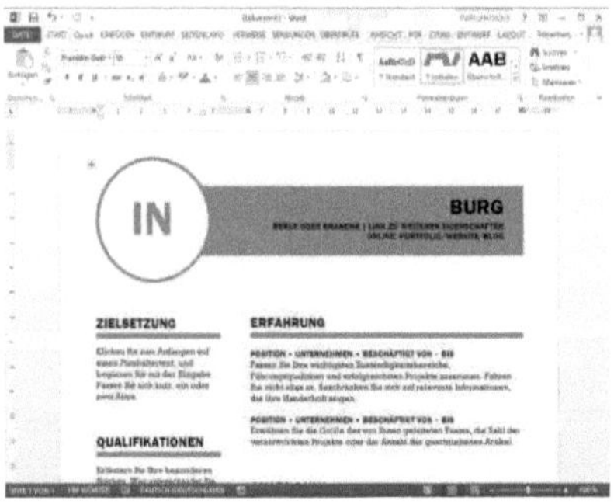

(c) word-m.png

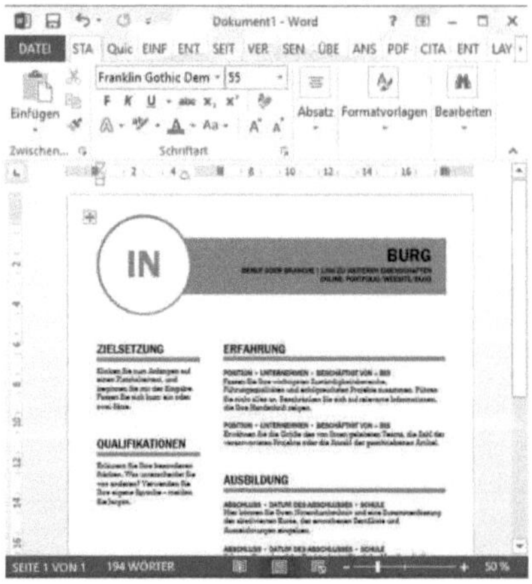

(d) word-s.png

Abbildung A.2: Testbilder aus Microsoft Office Word in verschiedenen Größen, Quelle: eigene Screenshots

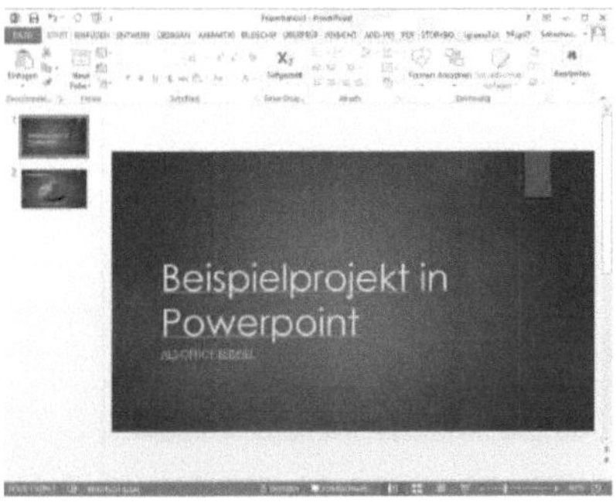

(a) powerpoint-1-m.png

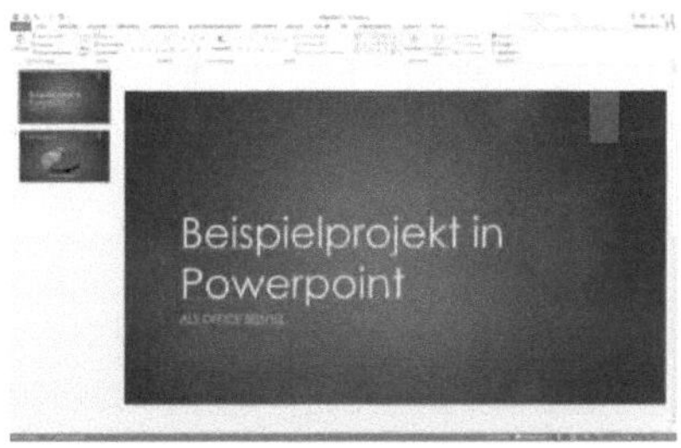

(b) powerpoint-1-xxl.png

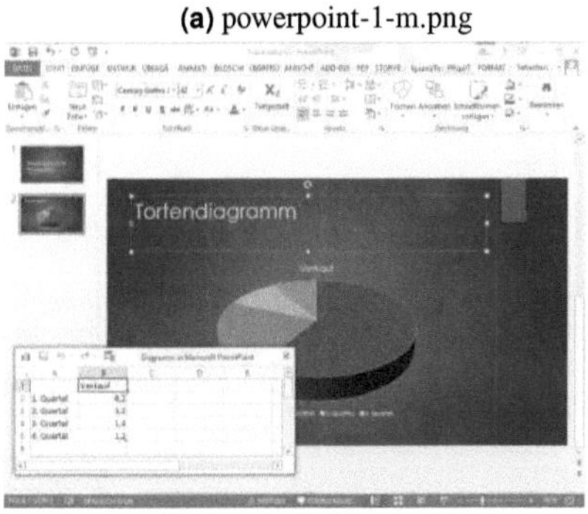

(c) powerpoint-2-m.png

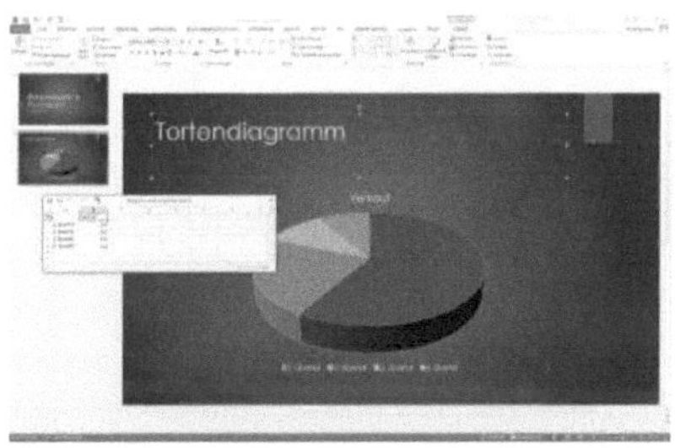

(d) powerpoint-2-xxl.png

Abbildung A.3: Testbilder aus Microsoft Office Powerpoint in verschiedenen Größen, Quelle: eigene Screenshots

End-to-Display Encryption

A Pixel-Domain Encryption with Security Benefit

(a) MMSec2015E2DE-1.png

(b) MMSec2015E2DE-2.png

(c) MMSec2015E2DE-3.png

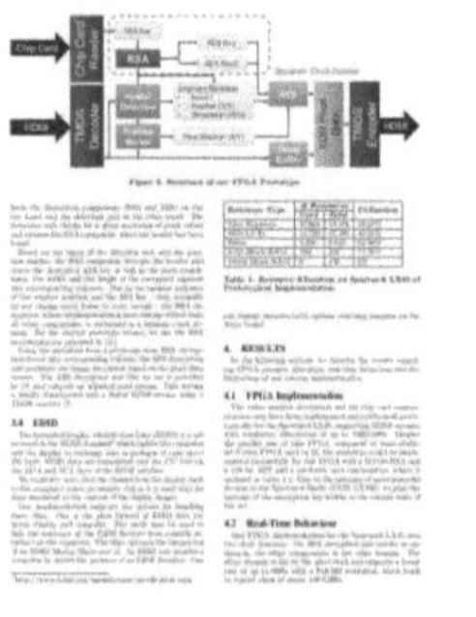

(d) MMSec2015E2DE-4.png

(e) MMSec2015E2DE-5.png

(f) MMSec2015E2DE-6.png

Abbildung A.4: Testbilder einem Paper im ACM Format, Quelle: eigene Bilder

(a) background.png

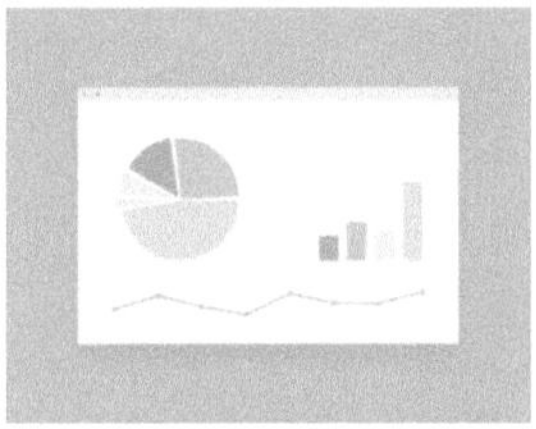

(b) gui.png

(c) lena.png

(d) minecraft.png

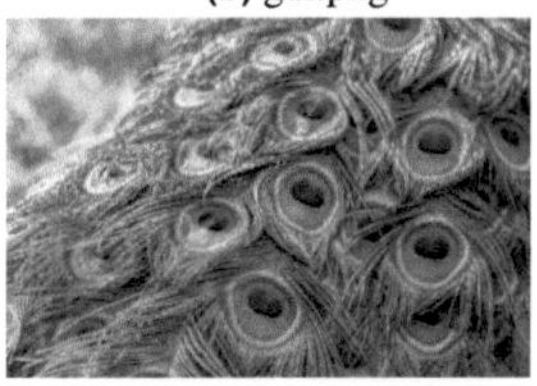

(e) peacock.png

(f) plum.png

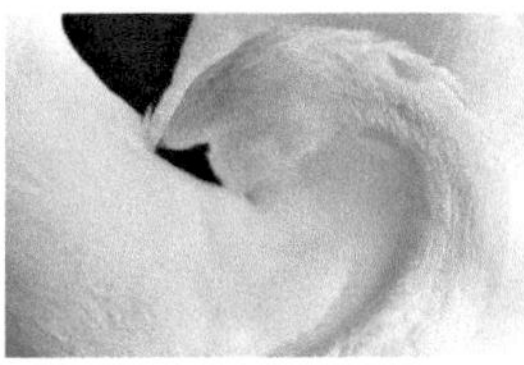

(g) swan.png

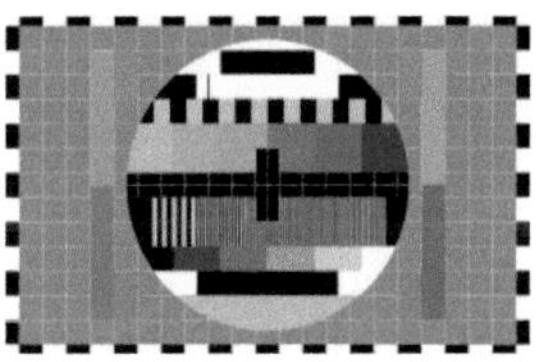

(h) test-pattern.png

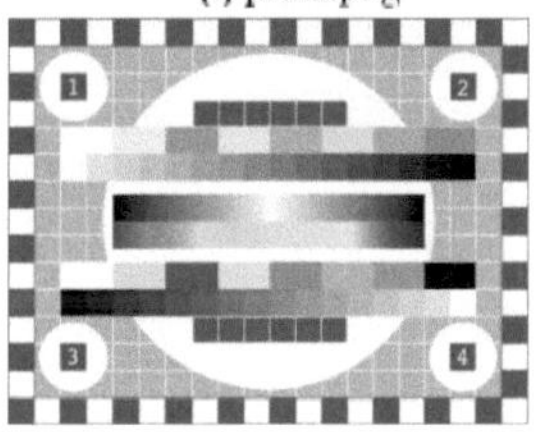

(i) tv-test-pattern.png

Abbildung A.5: Testbilder in Vollfarbe und mit Verläufen, Quelle: Pixabay unter CC0 Lizenz, Lena copyright Playboy

Messwerte

Ergebnisse der v1 Verschlüsselung					
Dateiname	**Gruppe**	**Dateigröße (kB)**	**Zeit (ms)**	**RMSE**	**SNR (db)**
background.png	4c	7206,73	417,2	0	∞
excel01.PNG	office	3076,95	145,5	0	∞
excel02.PNG	office	3076,95	141,2	0	∞
excel03.PNG	office	3076,95	151	0	∞
excel04.PNG	office	769,64	141	0	∞
excel05.PNG	office	2742,79	142,9	0	∞
excel06.PNG	office	2742,79	143,7	0	∞
gui.png	4c	2742,79	383,5	0	∞
lena.png	4c	7206,72	31	0	∞
minecraft.png	4c	2099,32	254,2	0	∞
MMSec2015E2DE-1.png	office	2099,32	126,5	0	∞
MMSec2015E2DE-2.png	office	6902,72	126,2	0	∞
MMSec2015E2DE-3.png	office	8107,49	128,1	0	∞
MMSec2015E2DE-4.png	office	2099,33	129,3	0	∞
MMSec2015E2DE-5.png	office	6756,35	131,6	0	∞
MMSec2015E2DE-6.png	office	3076,95	124,4	0	∞
peacock.png	4c	3076,95	337,9	0	∞
plum.png	4c	3076,95	259,5	0	∞
powerpoint-1-m.png	office	8315,79	98,4	0	∞
powerpoint-1-xxl.png	office	5731,74	315,9	0	∞
powerpoint-2-m.png	office	2742,79	96,3	0	∞
powerpoint-2-xxl.png	office	2742,79	313,3	0	∞
swan.png	4c	2742,79	294,9	0	∞
test-pattern.png	4c	6075,14	320,1	0	∞
tv-test-pattern.png	4c	6756,35	371,9	0	∞
word-l.png	office	6756,35	130,2	0	∞
word-m.png	office	6756,35	96	0	∞
word-s.png	office	2885,83	38,8	0	∞
word-xxl.png	office	812,91	323,2	0	∞

Tabelle A.3: Ergebnisse der v1 Verschlüsselung

Ergebnisse der v2-epik Verschlüsselung					
Dateiname	**Gruppe**	**Dateigröße (kB)**	**Zeit (ms)**	**RMSE**	**SNR (db)**
background.png	4c	2670,87	960,2	1,762163943	39,2829
excel01.PNG	office	2670,91	254,9	0,065697259	76,0690
excel02.PNG	office	2670,89	269,5	0,065369989	77,2753
excel03.PNG	office	7543,17	256,8	0,101298044	77,1258
excel04.PNG	office	5137,52	258,9	0,101043656	75,9223
excel05.PNG	office	2158,45	620,9	0,138466037	76,4556
excel06.PNG	office	2158,43	274,4	0,13860365	75,3569
gui.png	4c	2158,43	650,8	0	∞
lena.png	4c	5384,59	97,7	10,38182524	26,5163
minecraft.png	4c	6127,57	714,2	1,836443509	42,3003
MMSec2015E2DE-1.png	office	6127,50	267,5	0,07252512	∞
MMSec2015E2DE-2.png	office	6128,63	251,4	0,036811414	∞
MMSec2015E2DE-3.png	office	2282,32	264	0,071005008	∞
MMSec2015E2DE-4.png	office	521,27	250,6	0,067578435	∞
MMSec2015E2DE-5.png	office	6399,52	278,4	0,036519719	86,0317
MMSec2015E2DE-6.png	office	2670,89	247,6	0,023240201	∞
peacock.png	4c	2670,88	975,3	4,068372758	35,0704
plum.png	4c	2670,87	817,6	2,850845294	40,3516
powerpoint-1-m.png	office	434,83	210,4	0,056778085	72,0878
powerpoint-1-xxl.png	office	2158,43	736,9	0,047029837	73,1430
powerpoint-2-m.png	office	2158,39	221,9	0,056271293	73,0766
powerpoint-2-xxl.png	office	2158,30	699,6	0,049590336	73,4070
swan.png	4c	6375,51	831,1	0,879805272	51,4275
test-pattern.png	4c	1702,09	593,2	0,464366541	∞
tv-test-pattern.png	4c	1702,21	663,4	0,173195684	79,1761
word-l.png	office	6212,25	261,3	0,158456171	85,2545
word-m.png	office	7354,37	187,3	0,135034755	∞
word-s.png	office	1702,97	79	0,961564908	52,7680
word-xxl.png	office	6128,62	539	0,105697091	∞

Tabelle A.4: Ergebnisse der v2-epik Verschlüsselung

Ergebnisse der v2-bitreduce Verschlüsselung					
Dateiname	**Gruppe**	**Dateigröße (kB)**	**Zeit (ms)**	**RMSE**	**SNR (db)**
background.png	4c	6399,52	849,7	28,79511565	15,2712
excel01.PNG	office	2670,89	299	20,68647032	26,6246
excel02.PNG	office	2670,88	290,5	20,68055839	26,6268
excel03.PNG	office	2670,87	318,2	21,18716571	26,3681
excel04.PNG	office	434,83	308,7	21,18700907	26,3690
excel05.PNG	office	2158,43	312,9	23,18539832	25,7241
excel06.PNG	office	2158,39	305,4	23,22238893	25,7085
gui.png	4c	2158,30	724,8	12,10966275	31,3859
lena.png	4c	6375,51	100,7	27,70019089	19,1481
minecraft.png	4c	1702,09	653	27,61903003	20,1215
MMSec2015E2DE-1.png	office	1702,21	290,5	10,82622889	31,4510
MMSec2015E2DE-2.png	office	6212,25	293,7	13,61201392	30,3257
MMSec2015E2DE-3.png	office	7354,37	306,6	11,37503609	31,0722
MMSec2015E2DE-4.png	office	1702,97	292,1	11,91866549	30,9857
MMSec2015E2DE-5.png	office	6128,62	283,7	16,57991998	28,3244
MMSec2015E2DE-6.png	office	2670,87	286,9	9,207203004	32,9926
peacock.png	4c	2670,91	884,5	27,19741036	18,9717
plum.png	4c	2670,89	784,2	27,42903712	20,5814
powerpoint-1-m.png	office	7543,17	190,8	24,00546362	22,8224
powerpoint-1-xxl.png	office	5137,52	573,3	25,71799076	21,1811
powerpoint-2-m.png	office	2158,45	202,8	24,22964746	23,6506
powerpoint-2-xxl.png	office	2158,43	588,5	27,20157931	21,4870
swan.png	4c	2158,43	649,4	27,65020487	21,2450
test-pattern.png	4c	5384,59	600,3	31,00738261	18,0437
tv-test-pattern.png	4c	6127,57	685,2	31,10026525	20,6000
word-l.png	office	6127,50	296	13,90029039	29,2725
word-m.png	office	6128,63	210,7	15,31693013	28,3785
word-s.png	office	2282,32	95,1	16,23763887	27,8404
word-xxl.png	office	521,27	612,6	14,31406304	29,2843

Tabelle A.5: Ergebnisse der v2-bitreduce Verschlüsselung

Ergebnisse der v2-gif Verschlüsselung					
Dateiname	**Gruppe**	**Dateigröße (kB)**	**Zeit (ms)**	**RMSE**	**SNR (db)**
background.png	4c	1068	3664996	29	15,27
excel01.PNG	office	333	360747	21	26,62
excel02.PNG	office	301	358488	21	26,63
excel03.PNG	office	312	441004	21	26,37
excel04.PNG	office	323	441034	21,19	26,37
excel05.PNG	office	290	604833	23,19	25,72
excel06.PNG	office	317	602410	23	25,71
gui.png	4c	701	176472	12,11	31,39
lena.png	4c	129	447826	28	19,15
minecraft.png	4c	657	2786368	28	20,12
MMSec2015E2DE-1.png	office	299	658194	11	31,45
MMSec2015E2DE-2.png	office	297	639838	14	30,33
MMSec2015E2DE-3.png	office	293	695082	11	31,07
MMSec2015E2DE-4.png	office	280	560730	12	30,99
MMSec2015E2DE-5.png	office	298	609499	16,58	28,32
MMSec2015E2DE-6.png	office	298	512607	9	32,99
peacock.png	4c	858	4984742	27,20	18,97
plum.png	4c	711	4023433	27	20,58
powerpoint-1-m.png	office	191	230027	24	22,82
powerpoint-1-xxl.png	office	617	592757	26	21,18
powerpoint-2-m.png	office	192	243859	24	23,65
powerpoint-2-xxl.png	office	613	599128	27	21,49
swan.png	4c	668	1072796	28	21,25
test-pattern.png	4c	580	798536	31,01	18,04
tv-test-pattern.png	4c	680	412669	31	20,60
word-l.png	office	290	422567	13,90	29,27
word-m.png	office	206	272368	15	28,38
word-s.png	office	96	149813	16	27,84
word-xxl.png	office	637	503196	14	29,28

Tabelle A.6: Ergebnisse der v2-gif Verschlüsselung

A.3 Pinbelegung

Eingangspinbelegung		
Pin Name	**Pin Beschreibung**	**Pin Nummer in ASIC**
R_0	Rote Farbe, Bit an Stelle 0	59
R_1	Rote Farbe, Bit an Stelle 1	68
R_2	Rote Farbe, Bit an Stelle 2	10
R_3	Rote Farbe, Bit an Stelle 3	29
R_4	Rote Farbe, Bit an Stelle 4	60
R_5	Rote Farbe, Bit an Stelle 5	1
R_6	Rote Farbe, Bit an Stelle 6	9
R_7	Rote Farbe, Bit an Stelle 7	28
G_0	Grüne Farbe, Bit an Stelle 0	56
G_1	Grüne Farbe, Bit an Stelle 1	5
G_2	Grüne Farbe, Bit an Stelle 2	13
G_3	Grüne Farbe, Bit an Stelle 3	31
G_4	Grüne Farbe, Bit an Stelle 4	42
G_5	Grüne Farbe, Bit an Stelle 5	6
G_6	Grüne Farbe, Bit an Stelle 6	11
G_7	Grüne Farbe, Bit an Stelle 7	30
B_0	Blaue Farbe, Bit an Stelle 0	54
B_1	Blaue Farbe, Bit an Stelle 1	3
B_2	Blaue Farbe, Bit an Stelle 2	15
B_3	Blaue Farbe, Bit an Stelle 3	33
B_4	Blaue Farbe, Bit an Stelle 4	55
B_5	Blaue Farbe, Bit an Stelle 5	4
B_6	Blaue Farbe, Bit an Stelle 6	14
B_7	Blaue Farbe, Bit an Stelle 7	64
PCLK	Pixelclock Takt	51
Reset	Reset	8
HSync	Horizontaler Zeilenumbruch	67
VSync	Vertikaler Umbruch, neuer Frame	35
DE	Data-enabled Signal des HDMI	53
UDefault	Voreingestellte Schlüssel verwenden	61
VDD	Stromversorgung	12, 18, 24
GND	Erdung	46, 52, 58

Tabelle A.7: Eingangspinbelegung

Ausgangspinbelegung

Pin Name	Pin Beschreibung	Pin Nummer in ASIC
R_0	Rote Farbe, Bit an Stelle 0	16
R_1	Rote Farbe, Bit an Stelle 1	34
R_2	Rote Farbe, Bit an Stelle 2	49
R_3	Rote Farbe, Bit an Stelle 3	17
R_4	Rote Farbe, Bit an Stelle 4	20
R_5	Rote Farbe, Bit an Stelle 5	37
R_6	Rote Farbe, Bit an Stelle 6	50
R_7	Rote Farbe, Bit an Stelle 7	7
G_0	Grüne Farbe, Bit an Stelle 0	19
G_1	Grüne Farbe, Bit an Stelle 1	36
G_2	Grüne Farbe, Bit an Stelle 2	47
G_3	Grüne Farbe, Bit an Stelle 3	65
G_4	Grüne Farbe, Bit an Stelle 4	22
G_5	Grüne Farbe, Bit an Stelle 5	39
G_6	Grüne Farbe, Bit an Stelle 6	48
G_7	Grüne Farbe, Bit an Stelle 7	66
B_0	Blaue Farbe, Bit an Stelle 0	21
B_1	Blaue Farbe, Bit an Stelle 1	38
B_2	Blaue Farbe, Bit an Stelle 2	44
B_3	Blaue Farbe, Bit an Stelle 3	63
B_4	Blaue Farbe, Bit an Stelle 4	25
B_5	Blaue Farbe, Bit an Stelle 5	41
B_6	Blaue Farbe, Bit an Stelle 6	45
B_7	Blaue Farbe, Bit an Stelle 7	64
HSync	Horizontaler Zeilenumbruch	23
VSync	Vertikaler Umbruch, neuer Frame	40
DE	Data-enabled Signal des HDMI	43
SDA	Serielle Daten des I2C	57
SCL	Serielle Clock des I2C	2
Cyper-available	Ciphertext gefunden	62
KeySAR-available	Neuer KeySAR-Wert entschlüsselt	27

Tabelle A.8: Ausgangspinbelegung